“十四五”时期国家重点出版物出版专项规划项目

 转型时代的中国财经战略论丛 ◢

政府储备物资管理研究
——基于政府资产管理视角

Research on the Management of Government Reserve Materials :
Based on the Perspective of Government Asset Management

李 森 著

中国财经出版传媒集团

 经济科学出版社
Economic Science Press

图书在版编目 （CIP） 数据

政府储备物资管理研究：基于政府资产管理视角/
李森著. －－北京：经济科学出版社，2022.10
（转型时代的中国财经战略论丛）
ISBN 978 - 7 - 5218 - 4158 - 9

Ⅰ. ①政… Ⅱ. ①李… Ⅲ. ①国家物资储备 - 物资管
理 - 研究 Ⅳ. ①F253

中国版本图书馆 CIP 数据核字 （2022） 第 199760 号

责任编辑：李一心
责任校对：蒋子明
责任印制：范 艳

政府储备物资管理研究
——基于政府资产管理视角
李 森 著

经济科学出版社出版、发行 新华书店经销
社址：北京市海淀区阜成路甲 28 号 邮编：100142
总编部电话：010 - 88191217 发行部电话：010 - 88191522
网址：www. esp. com. cn
电子邮箱：esp@ esp. com. cn
天猫网店：经济科学出版社旗舰店
网址：http：//jjkxcbs. tmall. com
北京季蜂印刷有限公司印装
710 ×1000 16 开 11.25 印张 180000 字
2023 年 2 月第 1 版 2023 年 2 月第 1 次印刷
ISBN 978 - 7 - 5218 - 4158 - 9 定价：48.00 元
（图书出现印装问题，本社负责调换。电话：010 - 88191510）
（版权所有 侵权必究 打击盗版 举报热线：010 - 88191661
QQ：2242791300 营销中心电话：010 - 88191537
电子邮箱：dbts@ esp. com. cn）

总　序

　　"转型时代的中国财经战略论丛"是山东财经大学与经济科学出版社在"十三五"系列学术著作的基础上，在"十四五"期间继续合作推出的系列学术著作，属于"'十四五'时期国家重点出版物出版专项规划项目"。

　　自2016年起，山东财经大学就开始资助该系列学术著作的出版，至今已走过6个春秋，期间共资助出版了122部学术著作。这些著作的选题绝大部分隶属于经济学和管理学范畴，同时也涉及法学、艺术学、文学、教育学和理学等领域，有力地推动了我校经济学、管理学和其他学科门类的发展，促进了我校科学研究事业的进一步繁荣发展。

　　山东财经大学是财政部、教育部和山东省人民政府共同建设的高校，2011年由原山东经济学院和原山东财政学院合并筹建，2012年正式揭牌成立。学校现有专任教师1690人，其中教授261人、副教授625人。专任教师中具有博士学位的982人，其中入选青年长江学者3人、国家"万人计划"等国家级人才11人、全国五一劳动奖章获得者1人，"泰山学者"工程等省级人才28人，入选教育部教学指导委员会委员8人、全国优秀教师16人、省级教学名师20人。近年来，学校紧紧围绕建设全国一流财经特色名校的战略目标，以稳规模、优结构、提质量、强特色为主线，不断深化改革创新，整体学科实力跻身全国财经高校前列，经管类学科竞争力居省属高校首位。学校现拥有一级学科博士点4个，一级学科硕士点11个，硕士专业学位类别20个，博士后科研流动站1个。在全国第四轮学科评估中，应用经济学、工商管理获B＋，管理科学与工程、公共管理获B－，B＋以上学科数位居省属高校前三甲，学科实力进入全国财经高校前十。2016年以来，学校聚焦内涵式发展，全面实施了科研强校战略，取得了可喜成绩。获批国家级课题项目241项，教育部及其他省部级课题项目390项，承担各级各类横向课题445项；教师共发表高水平学术论文3700余篇，出版著作323部。同时，新增了山东省重点实验室、山东省重点新型智库、山东省社科理论重点研究基地、山东省协同创新中心、山东省工程技术研究中心、山东省两化融合促进中心等科研平台。学校的发展为教师从事科学研究提供了广阔的平台，创造了更加良好的学术生态。

"十四五"时期是我国由全面建成小康社会向基本实现社会主义现代化迈进的关键时期，也是我校合校以来第二个十年的跃升发展期。今年党的二十大的胜利召开为学校高质量发展指明了新的方向，建校70周年暨合并建校10周年校庆也为学校内涵式发展注入了新的活力。作为"十四五"时期国家重点出版物出版专项规划项目，"转型时代的中国财经战略论丛"将继续坚持以马克思列宁主义、毛泽东思想、邓小平理论、"三个代表"重要思想、科学发展观、习近平新时代中国特色社会主义思想为指导，结合《中共中央关于制定国民经济和社会发展第十四个五年规划和二〇三五年远景目标的建议》以及党的二十大精神，将国家"十四五"期间重大财经战略作为重点选题，积极开展基础研究和应用研究。

"十四五"时期的"转型时代的中国财经战略论丛"将进一步体现鲜明的时代特征、问题导向和创新意识，着力推出反映我校学术前沿水平、体现相关领域高水准的创新性成果，更好地服务我校一流学科和高水平大学建设，展现我校财经特色名校工程建设成效。通过向广大教师提供进一步的出版资助，鼓励我校广大教师潜心治学，扎实研究，在基础研究上密切跟踪国内外学术发展和学科建设的前沿与动态，着力推进学科体系、学术体系和话语体系建设与创新；在应用研究上立足党和国家事业发展需要，聚焦经济社会发展中的全局性、战略性和前瞻性的重大理论与实践问题，力求提出一些具有现实性、针对性和较强参考价值的思路和对策。

山东财经大学校长

2022年10月28日

目　录

第1章　导言 ………………………………………………………… 1

　1.1　选题背景和意义 …………………………………………… 1

　1.2　文献综述 …………………………………………………… 5

　1.3　研究方法 …………………………………………………… 7

　1.4　基本思路和分析框架 ……………………………………… 9

第2章　政府储备物资管理的理论分析 ………………………… 11

　2.1　政府为什么要储备物资 …………………………………… 11

　2.2　"谁来管"：政府储备物资管理主体的
　　　　理论分析 ………………………………………………… 15

　2.3　"管什么"：政府储备物资管理客体的
　　　　理论分析 ………………………………………………… 26

　2.4　"如何管"：政府储备物资管理方式的理论分析 ………… 47

第3章　政府储备物资管理的经验分析 ………………………… 62

　3.1　我国政府储备物资管理的状况 …………………………… 62

　3.2　我国政府储备物资管理存在的问题 ……………………… 90

　3.3　我国政府储备物资管理存在问题的综合成因 ………… 115

　3.4　我国政府储备物资管理与预算管理脱节问题的成因 …… 118

第4章　强化我国政府储备物资管理的对策建议 ……………… 140

　4.1　强化我国政府储备物资管理的目标、原则和思路 ……… 140

4.2 解决"谁来管"问题的对策 ……………………… 144

4.3 解决"管什么"问题的对策 ……………………… 148

4.4 解决"怎么管"问题的对策 ……………………… 154

参考文献 ……………………………………………… 169

第1章 导　言

1.1　选题背景和意义

1.1.1　选题背景

财政管理包括财政收支流量管理和作为存量的资产管理两大内容，但长期以来，政府财政管理都侧重财政收支流量管理，而忽视政府资产管理。政府资产管理一直是财政管理的薄弱环节。究其原因，这与财政理论界对财政概念的界定与理解有关。我国占主导地位的国家分配论认为，财政是以国家为主体的分配，包括收入筹集和支出安排两个方面，基于这一认识和理解，财政管理通常被划分为收入管理和支出管理两大块内容，从而在概念界定上把政府资产管理排除在财政管理范围之外，但实际上在财政安排的支出中，除了消费性支出，还包括一定数量的投资性支出，这些投资性支出会形成政府资产。随着时间推移，政府存量资产规模越来越大，呈扩张趋势，如何管好用好这些政府资产，对于提高政府资产使用效益、财政支出效率乃至整个财政运作效率都有着至关重要的影响，因此，政府资产管理在政府财政管理中的地位日趋重要。

在政府资产管理中，我国长期以来侧重生产经营性资产管理，这与我国特定的国情背景有关。我国曾长期实行计划经济体制，在计划经济体制下，政府既配置资源生产提供公共产品，满足公共需要，还配置资源生产提供私人产品，满足私人需要。为此，政府必须分门别类投资建立大量国有企业，这导致在我国的政府资产总量中，占大部分的是生产经营性资产。因此，做好政府资产管理工作，从抓主要矛盾的角度考察，把工作重点放在生产经营性资产方面，带有理所当然的性质。但随着我国经济体制的转轨，市场体制框架在我国逐步构建完善起来，国有企业改革随着"抓大放小"改革战略的实施，越来越多的国有企业从市场有效作用领域退出，非生产经营性资产在政府资产总量中所占比例提高。在这样的背景下，如何加强非生产经营性政府资产管理就成为新时期加强政府资产管理所必须完成的重要任务。

在非生产经营性政府资产管理中，行政事业资产的管理已得到了相对重视，国家出台了一系列制度规定，《行政事业性国有资产管理条例》已于 2021 年 4 月 1 日起施行。这表明行政事业资产管理工作已进入了新阶段、迈上了新台阶。与之形成鲜明对比的是，政府非生产经营性资产中的政府储备物资的管理还相对滞后。事实上已成为政府非生产经营性资产管理的短板和薄弱环节，亟待加强。

近年来，随着改革的深入和国际、国内形势的变化，加之受多种不确定因素的影响，政府需要防范和化解各种突发事件所蕴含的各种风险。这要求政府必须掌握一定数量的储备物资并加强管理。在这样的背景下，本书从政府资产管理的视角专门研究政府储备物资的管理，找出目前政府储备物资管理中存在的问题，分析问题的成因并拿出解决对策，这对于强化新时期政府储备物资的管理具有重要意义。

1.1.2 选题意义

1.1.2.1 理论意义

第一，有助于揭示政府储备物资管理规律。政府储备物资作为政府资产的重要组成部分，其与一般的行政事业资产管理在遵循着共性规律的同时，其运作管理也呈现较为鲜明的个性特征。虽然近年来理论界和实际工作部门对行政事业资产管理的理论研究已取得丰硕成果，但对政府储备资产管理的理论研究还很不充分，是政府资产管理理论研究的薄弱环节，对现实中亟待解决的政府储备物资资产管理问题还没有进行透彻的理论分析。就检索到的已有学术成果看，多数成果的研究还是侧重对政府储备物资管理的特定环节和特定侧面进行分析，还缺少系统性的研究成果，另外研究的深度还有待提高。因此，本书虽然属典型的应用性研究，旨在解决政府储备管理存在的现实问题，但在研究中还是拟把应用研究和理论研究紧密结合，力求能在解决目前政府储备资产管理存在问题的同时，能够较为系统深入地揭示政府储备物资管理所应遵循的客观规律。

第二，有助于为现实的政府储备物资管理提供理论指导。政府储备物资管理涉及面广、影响因素多，是复杂的系统工程，在具体的管理过程中需要协调方方面面的关系。在实践中，政府储备物资管理之所以存在诸多亟待解决的现实问题，原因当然是多方面的，但其中一个重要原因就是政府储备物资管理的理论研究还不够充分，诸多政府储备物资管理所应遵循的规律还没被揭示出来，这使实践中的储备物资管理难以得到足够的理论指导，从而在一定程度上带有盲目性和探索性。因此，本书在给出解决政府储备物资管理问题对策的同时，对政府储备物资管理所进行的理论分析，不仅有助于做到"知其然"，而且有助于做到"知其所以然"，从而可为现实的政府储备物资管理提供理论指导。

第三，有助于为深化政府储备物资管理的理论研究奠定基础条件。本书对政府储备物资管理展开系统深入的研究，首先梳理了目前理论界和实际工作部门研究政府储备物资管理所取得的成果，在肯定其所取得的成绩和所做出的贡献的同时，也指出目前研究存在的局限和不足，从而为进一步深化政府储备物资管理的理论研究、明确努力的目标和方向奠定基础条件。当然，囿于政府储备物资管理的理论研究整体上还处于起步阶段，本书对政府储备物资管理的理论分析部分也具有明显的基础性和探索性，整体看仍然流于肤浅和片面，但作为严肃认真思考的成果，可为政府储备物资管理理论研究在此基础上进一步深化提供有利条件。

1.1.2.2 实践意义

第一，有助于构建规范、科学、合理的政府储备物资管理体制。政府储备物资管理首先涉及管理主体问题。如何在不同级次政府、不同级次政府的储备物资管理机构以及同一级次政府储备物资管理机构、政府各个职能部门、承储单位之间划分管理权限，做到各司其职、各负其责，是加强政府储备物资管理的必然要求。目前政府储备物资管理还存在比较明显的"多头管理、政出多门"格局，整体看管理还相对混乱。本书依据财政分权理论、委托—代理理论和信息经济学理论分析目前政府储备物资管理体制存在的问题和成因并给出解决对策，对于政府储备物资管理做到集权与分权相结合，从纵向（不同级次政府、不同级次的政府储备物资管理机构、承储机构和单位之间）和横向（政府储备物资管理机构与相关的政府各个职能部门之间）合理划分管理权限，调动各有关主体的积极性、主动性，做到各司其职、各负其责，可发挥积极推动作用。这有助于构建规范、科学、合理的政府储备物资管理体制，对整个财政管理体制的优化调整也可发挥积极推动作用。

第二，有助于做到政府储备物资管理与预算管理紧密结合。长期以来，我国政府资产管理一直存在与预算管理脱节的问题，资产管理机构负责管理资产但并不负责安排资产预算；预算管理机构负责安排资产预算但并不负责管理存量资产，由此导致政府资产存量管理与增量管理脱节，既不利于加强政府资产管理，也不利于合理编制政府预算。对政府储备物资资产管理而言，资产管理与预算管理的脱节相对于一般的行政事业资产管理更为严重。毕竟行政事业资产的存量管理权基本已统一于行政事业资产管理机构，这为做到资产管理与预算管理相结合提供了基础条件。但政府储备物资管理目前看仍呈明显的多头管理格局，其管理权分散于政府多个职能部门，这为做到政府储备物资资产管理与预算管理相结合设置了严重障碍。本书针对这一脱节问题所提出的对策建议，有助于实现政府储备物资管理与预算管理紧密结合，有利于提高储备物资资产配置、使用效益。

第三，有助于提高政府储备物资管理绩效，这体现为有利于优化储备物资规模、结构和效益三个层面：（1）有助于优化政府储备物资规模。我国政府储备物资包括粮食和农产品储备、应急物资储备、煤炭石油等能源储备以及战略性矿产品及关键性原材料储备等，其对于保障国家安全、服务国计民生具有重要意义。但是政府储备物资的规模并非越大越好，在特定时期，客观上存在一个最佳的政府储备物资规模。本书对我国储备物资规模所进行的规范和实证研究，有助于通过应然与实然的比较，发现政府储备物资规模管理存在的问题、分析问题的成因进而拿出切实可行的对策建议，从而有助于优化我国政府储备物资规模。（2）有助于优化政府储备物资结构。在政府储备物资规模一定的条件下，政府储备物资需要配置于各个方面，从而形成特定的储备物资结构，本书拟依据效率原则对政府储备物资的结构进行规范性的理论分析，阐明应然意义上的政府储备物资结构及实现理想的政府储备物资结构所应符合的条件，从而为实证研究提供合适的理论参照，这有助于发现当前政府储备物资结构管理所存在的问题，有助于分析问题的表现及成因进而拿出切实可行的解决对策，这有助于优化政府储备物资结构。(3) 有助于通过改进管理的模式、方式、方法以提高政府储备物资管理效益。政府储备物资管理在追求规模和结构优化的基础上，还需要提高储备物资管理效益。针对我国政府储备物资缺少风险评估基础的现实情况，本书所提出的建立以风险评估和分级为基础的应急储备物资管理模式有助于实现管理模式优化；针对储备方式单一问题，本书提出的在实物储备、协议合同储备以及生产能力储备这三种储备方式之间优化调整的建议有助于实现政府储备物资储备方式的优化；针对《政府会计准则第 6 号——政府储备物资》在政府储备物资的概念界定、政府储备物资的确认、初始计量、后续计量及政府储备物资信息披露方面存在的局限，本书所提出的改进建议有助于实现政府储备物资管理方法的优化。通过储备物资管理模式、方式、方法的改进有助于政府在储备物资管理中做到少花钱、多办事、事办好，可以提高政府储备物资管理效益。

1.2　文　献　综　述

1.2.1　国内文献综述

近年来，国内学者对政府储备资产管理进行了较为深入的研究。丁烈云、喻发胜（2008）主张建立省级政府主导的应急物资储备管理体制，强调这一体制的核心是"统筹—共建"，即省级政府对行政区域内的各种应急物资资源进行"统一领导、统一指挥、统一规划、统一管理"，并通过"共建共享"的财政投入体制，使省级政府充分调动各方积极性，在共同建设中整合资源、共享资源，从而有助于增强政府的应急保障能力。郑浩然（2010）以上海为例对地方政府物资储备体系进行了研究，指出地方政府物资储备存在多层级政府物资储备体系薄弱、储备管理机构分散、物资提供及资金支持模式僵化等问题；包玉梅（2010）通过构建拉格朗日函数设计了政府储备物资最优应急效用模型；张永领（2011）指出我国应急储备管理存在诸如没有建立以风险评估为基础的应急物资储备、应急物资分级储备制度不完善、应急物资储备数量少且品种及储备方式单一等问题，并针对问题提出了解决对策；王雷（2013）基于对政府储备物资最优储备量的理解，设计了实物储备和合同储备相结合的二级政府物资储备模型；张曾莲、江帆（2017），连凤琴（2018），赵青（2018）结合《政府会计准则第6号——政府储备物资》的发布对政府储备物资的会计核算进行了分析和说明；胡克训（2017）对《政府会计准则第6号——政府储备物资》的内容要点进行了说明，并指出政府储备物资的会计核算存在与固定资产和存货边界划分不清晰、会计计量标准确定不合理、制度规定不够细化等亟待解决的问题；海南省财政国库支付局课题组（2019）对海南省省级政府储备物资管理情况进行了总结，指出储备物资在确认、计量及管理方式方面存在的问题，提出了明确确认主体、细化计量方法和实行分类管理的政策建议；史丽娜和马承金（2020）在疫情防控背景下分析了政府储备物资的会计核算问题。

1.2.2　国外文献综述

国外研究储备物资的较早文献是美国经济学家本杰明·格雷厄姆所著的《储备与稳定》（1937），其论证了物资储备对促进经济发展的作用。国外应急储备物资的研究自20世纪90年代开始逐步丰富，朗和伍德（Long and Wood，1995）通过访谈大量应急管理相关人员，从应急需求预测、来源、包装、入库、储存、运输、救灾服务等方面论述了应急物资的科学管理；怀巴克（Whybark，2007）研究了灾难救援库存管理中存在的问题，具体包括应急物资的获取、存储以及配送三个方面；奥兹居文和奥兹贝（Ozguven and Ozbay，2013；2015）从射频技术角度分析了关键应急物资的实时在线监控系统对实现应急资源有效库存管理的作用；奥兹居文和奥兹贝（2014）与巴西克（Balcik，2016）综述了应急物资库存管理研究，并从应急物资库存管理需要解决的基本问题包括订货量、订货时间以及库存地址选择等方面进行了较为深入的分析。

综上所述，国内在《政府会计准则第 6 号——政府储备物资》发布之前，对储备资产的研究范围较为宽泛，涉及了政府物资储备体系的各个方面，发布之后的研究则侧重对准则的解释及会计核算应如何开展。2020 年新冠肺炎疫情爆发，国内的研究开始侧重于如何满足应急管理需求；国外早期的研究侧重理论研究和物资储备政策的制定，20世纪 90 年代以来则侧重应急物资储备物资管理技术手段的优化。总体来看，基于财政资产管理的视角对政府储备物资所进行的研究还相对比较薄弱，结合我国政府储备资产管理的具体情况进行深入分析的文献更是鲜见，本书拟对此做些补充性研究工作。

1.3 研 究 方 法

1.3.1 实地调研的方法

笔者作为高校教师，虽然长期从事与行政事业资产管理相关课程的教学和科研工作，具有一定的理论修养和科研能力，但对政府储备物资管理实践活动了解并不是非常充分，因此为了很好地完成本书的研究任务，撰写出合格的研究报告，必须深入财政实际工作部门行政事业资产管理机构及从事储备物资管理的有关政府职能部门包括承储单位做扎实细致的调研工作，以便对现实中政府储备物资管理中存在的问题、成因有较为清晰的认识和理解；对各级政府、各个地区从事储备物资管理的成功经验也能有一定程度的掌握，进而可为本书开展进一步的深入研究奠定坚实基础。

1.3.2 逻辑推理的方法

市场经济条件下政府储备物资管理遵循着特定的规律。各储备物资管理主体能不能做好相应的管理工作关键在于其能否把握新时期政府储备物资管理所应遵循的特定规律。规律作为事物内在的、本质的、必然的联系，是在现实的储备物资管理实践中体现出来的，而我们对规律的认识和理解水平集中体现为我们通过总结实践经验而形成的理论体系来指导实践活动所能取得成功的可能性的大小。没有理论指导的实践是盲目的实践。因此，虽然本书属于较为典型的应用性研究，研究的重心是解决当前政府储备物资管理存在的现实问题，但本书并不想忽视政府储备物资管理的基础理论研究，而是要尽可能做到理论分析和经验分析相结合、规范分析与实证分析相结合，在提出解决现实问题对策建议的同时，把构建政府储备物资管理的理论体系也作为本书要完成的一项重要任务。而要形成所谓的理论体系，就离不开在概念界定的基础上进行判断和推理，通过形成一个逻辑框架来揭示政府储备物资管理所应遵循的规律。这对发现政府储备物资管理实践中存在的问题、探求问题的成因并拿出切实可行的解决对策具有重要的理论参照意义。显然，这离开逻辑推理的方法是不可能完成的。本书的理论部分拟借助经济人假设和信息不充分、不对称假设，通过分析政府储备物资的内涵及其基本属性，对储备物资管理进行演绎推理，以期形成逻辑自洽的规范性分析框架，这可为本书的实证研究奠定基础。

1.3.3 案例分析的方法

政府储备物资管理是复杂的系统工程，涉及面广、影响因素多、政策性强、技术难度大。近年来，不少省份和地区对如何加强政府储备物资管理进行了深入的改革探讨。虽然不同的省份、不同的地区、同一地区不同职能部门的储备物资管理都具有一定的个性特征（从这个意义上讲，不同省份、不同地区、同一地区不同职能部门的储备物资管理模式及方式、方法相互之间不能照抄照搬），但是毕竟共性寓于个性之中，通过典型案例分析来揭示目前强化政府储备物资管理所面临的共同难点问题、总结具有共性的好的经验和做法不仅是可能的，而且也是完全必要的。我们研究储备物资管理受时间、精力、财力等诸多因素的限制，找到合适的案例并不容易，而不具有代表性的案例分析难免会犯以偏概全的错误，因此本书尽可能选取具有代表性的地区和部门进行调研，期望能找到具有代表性的案例，在此基础上归结出目前存在的具有共性的问题和具有普遍借鉴意义的经验和教训，因此，案例分析法在本书的研究中将得到足够的重视和运用。

1.3.4 比较分析的方法

比较见异同、比较分优劣、比较出真知。比较的方法一直是非常重要的研究方法。本书对比较方法的运用主要体现在：一是把政府储备物资与政府非储备物资加以对照，以揭示政府储备物资资产及其管理的特殊性。二是通过比较，揭示不同级次政府在政府储备物资管理方面所具有的比较优势和比较劣势，以在不同级次政府间合理划分政府储备物资管理权限。三是对政府储备物资管理的模式、方式、方法进行比较，以促进政府储备物资管理模式、方式、方法的优化。

1.4　基本思路和分析框架

1.4.1　本书的基本思路

本书研究的基本思路按照"谁来管"（管理主体界定及管理权限划分)→"管什么"（政府储备物资的规模、结构和效益及政府储备物资管理的各个环节)→"如何管"（管理的模式、手段、依据）三大组成部分展开。其中，在"谁来管"即管理主体分析部分，包括两个基本环节：一是管理主体的界定；二是不同管理主体间管理权限的划分。在"管什么"即管理客体分析部分，包括三个基本环节：一是政府储备物资规模分析；二是政府储备物资结构分析；三是政府储备物资效益分析。在"如何管"部分包括三个基本环节：一是管理模式分析；二是管理手段分析；三是管理依据分析。总体上，本书的基本思路可以概括为"三大部分、八个环节"。

1.4.2　本书的分析框架

本书分析框架如图 1－1 所示。

9

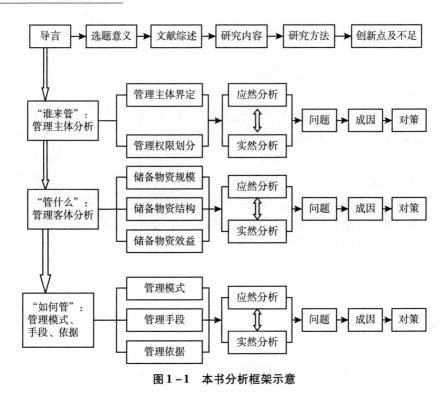

图 1-1　本书分析框架示意

第 2 章　政府储备物资管理的理论分析

2.1　政府为什么要储备物资

2.1.1　保证政府职能顺利实现的需要

政府作为管理社会公共事务的组织，担负着向社会提供公共产品、满足公共需要、实现公共利益的职责。财政是国家治理的基础和重要支柱，政府职责的履行离不开财政的保障。财政运作包括收入筹集和支出安排两个环节。在商品货币经济条件下，财政收支一般采用价值形式，通过各种收入形式占有一部分社会产品价值，然后通过安排预算支出为政府各职能部门提供资金支持，进而由其分门别类地向社会提供各种公共产品和服务。为什么保证政府职能的顺利实现还必须储备一定种类和数量的物资？这是因为仅仅依靠采用价值形式（货币形态）安排的财政收支还不足以保证政府职能顺利实现。在正常情况下，无论收入筹集还是支出安排都采用价值形式，在商品货币经济条件下可以大大提高财政效率，顺利实现政府职能。毕竟在商品货币经济条件下，货币是一般等价物，在收入筹集环节，采用货币形式较之实物形式可以实现更高的收入筹集效率；在支出环节，无论是安排购买性支出还是转移性支出，货币形式通常也比实物形式更有效率。但这仅限于市场机制可正常发挥作用的一般情况，在特殊情况下，储备一定种类和数量的物资就成为政府职能实现的重要内容和必要手段。这是因为：

第一，化解突发事件蕴含风险的客观要求。在政府履行职能的过程中，受各种不确定性因素的制约，难免会遭遇突发事件，比如台风、地震、洪水等自然灾害的侵袭，会使广大地域范围内民众的基本生产、生活需要满足遇到困难。在通常情况下，民众基本生产、生活需要的满足依靠市场机制即可解决①，政府无须插手，市场机制自发调节就可以优化资源配置。但在遭受严重灾害侵袭时，通过市场机制来满足民众基本生产、生活需要就会表现出严重弊端：一方面由于供给短缺会导致价格暴涨，另一方面价格暴涨短时间却难以引致供给增加，出现所谓"市场失效"，威胁社会稳定。此时，政府若能掌握一定数量的储备物资，就可以免费向灾民提供以保障其基本生活需要，或者以低价通过市场渠道提供，由此就可以稳定市场价格。显然，在这样的特殊情况下，政府掌握一定数量的储备物资相对掌握一定数量价值形态的财政收入，更有利于保证政府职能的顺利实现。这意味着政府在市场经济条件下需要做好应急储备物资的管理工作。

第二，这是由农业及农产品的特殊性质决定的。农业是国民经济的基础，民以食为天，农业在满足民众基本生活需要方面的重要作用无可替代，但农业是弱质产业，农产品是需求弹性很小但供给弹性很大的特殊产品，极易受天气环境条件的变化而导致产量及价格的大幅波动。比如，严重的水灾、旱灾会导致粮食严重歉收进而引起粮食供给严重短缺，而粮食极低的需求弹性会导致粮价大幅上涨，于是囤积居奇的不法行为就可能会出现，正常的社会秩序无法维持，同时粮食价格暴涨会导致下年度粮食供给大量增加，受制于粮食很小的需求弹性，由此又会导致粮价暴跌。粮价的暴涨、暴跌都不利于稳定农业生产，也会影响到民众基本生活需要的满足。在这种情况下，就需要政府建立、健全粮食储备制度来稳定粮食价格。比如，在发生自然灾害粮食歉收时，面向灾民无偿或低价提供粮食，满足其基本生活需求；在粮食丰收导致粮价偏低时则增加粮食储备以应不时之需。因此，政府对粮食等重要农产品予以储备，这是维持正常社会秩序、保证社会稳定的必然要求。

第三，这是由石油、煤炭等重要能源的特殊性质决定的。石油、煤炭作为重要能源和化工原料对于保证国民经济持续稳定发展，满足民众

---

① 生产要素满足生产需要，私人产品满足生活需要，通过要素市场和产品市场的等价交换都可获取，因为生产要素和私人产品都有价格，可以通过价格引导资源配置的方向，通过供求确定某一方向配置资源的数量，通过竞争迫使资源使用者高效率地使用资源。

生活需要起着举足轻重的作用，而能源的生产虽然不像农产品那样具有较长的时间周期及鲜明的季节性，但短时间也难以实现产量的迅猛增加，特别是自给率较低、高度依赖进口的石油，更是容易受各种不确定性因素的影响①，因此必须充分考虑各种意外情况发生对能源供给所造成的负面影响。为实现经济稳定发展和民众生活的安宁祥和，政府必须保证石油、煤炭等重要能源有一定数量的储备，以防患于未然。

第四，这是由战略储备物资（战略性矿产品和关键性原材料）的特殊性质决定的。现代化的国家离不开现代化的国防，国不可一日无兵，养兵千日、用兵一时。即便在和平与发展成为主流的世界基本政治格局下，爆发战争特别是局部战争的风险仍然会在一定程度上存在，为了维护国家的主权和领土完整，给国民提供足够的国防安全保障，加强国家军备的战略物资储备必不可少。

2.1.2　弥补私人（企业、家庭）储备物资存在局限的需要

为了防患于未然，私人部门的企业、家庭通常也会储备一定数量的物资，但是企业、家庭的这种物资储备一般来说规模较小、能够防范和化解风险的程度较低，并且这种储备更多的是为了防范和化解由市场因素所导致的供求脱节和价格波动，比如企业为了避免能源、原材料、中间投入品一时供给短缺而影响企业正常生产经营活动，会储备一定数量的能源、原材料和中间投入品。家庭为了满足基本生活需要也会有少量的物资储备。这种以企业、家庭为主体所进行的小规模储备对于防范和化解由市场供求波动所带来的风险能发挥一定作用，但是一旦发生区域性的严重自然灾害或其他突发事件，企业、家庭的储备可能就会遭受损失而难以防范和化解相应风险。这体现了企业、家庭储备自身所难以克服的局限。与之相比，政府储备则具有比较优势。即便区域性的自然灾害完全覆盖了某一地方政府辖区，以致该地方政府的物资储备也难以有

---

① 我国石油供给高度依赖进口，从中东进口的石油相当部分要经过马六甲海峡海运，一旦敌对势力控制马六甲海峡，会严重威胁我国的能源安全。近年来，为摆脱石油进口对马六甲海峡的依赖程度，我国在巴基斯坦修建瓜达尔港以及建设从中国新疆到瓜达尔港的中巴经济走廊，但仍然难以完全满足保障我国石油能源安全的需要。

效防范和化解风险，中央政府和其他地方政府的物资储备仍然可以发挥调剂和支撑作用。因此，在企业、家庭的储备不能有效应对风险侵袭时，政府储备可以发挥拾遗补缺的作用，弥补其存在的局限和不足。毕竟，在层级制政府架构下，高层政府有义务在基层政府遭遇超出其承受能力的风险侵袭时，提供必要帮助以保障其政府职能顺利实现。毕竟，在一个比较大的国家，自然灾害等突发事件波及范围覆盖全国，危害程度同时超出各级政府的承受能力是小概率事件。这是政府物资储备相对企业、家庭物资储备所具有的比较优势，也是其可以弥补后者存在的局限和不足的基本依据。

2.1.3　弥补市场机制调节供求存在局限的需要

一般来说，市场价格机制可以有效引导资源配置的方向。某个方向商品供给短缺会通过商品价格的上涨来吸引更多的资源配置到该方向，从而增加该方向商品的供给。通常情况下，这种市场价格机制对资源配置和商品供求引导作用的调节力度是比较温和的，即供求一旦出现小幅度的脱节，价格信号就会发挥调节作用，从而促使供求走向均衡，也就是说，市场机制自发调节在正常情况下不应该出现过于严重的供求失衡。但是，在特殊条件下，比如严重自然灾害的侵袭，会导致供给在短时间骤然减少，由此会带来价格飞涨。同时，受自然灾害的影响，民众的支付能力会被削弱，这会严重影响民众基本生活需要的满足和社会稳定，而此时政府通过转移支付给民众以现金支持，并不能取得理想效果，因为突发事件导致供给严重短缺，通过转移支付给民众以现金支持增强其支付能力只会进一步推高价格，正常的需求仍然难以满足。而政府储备物资若免费提供，则可以满足民众（特别是支付能力不足及无支付能力的民众）对基本物资的需求；若物资以平价或低于市场价格出售，一方面可以减轻支付能力被削弱民众的支付压力，另一方面还可以稳定价格，从而保障基本生产、生活需要。这是政府通过储备物资来防范和化解各种突发事件所蕴含风险的基本理由。

2.2 "谁来管"：政府储备物资
管理主体的理论分析

2.2.1 政府储备物资管理主体应保持统一

政府储备物资的目的是防范和化解突发事件所蕴含的风险，一旦突发事件爆发，马上会形成对储备物资的需求。这种需求的形成不是一个渐进的过程，而带有突发性。一般来说，这种突发性的需求通过市场渠道来满足是比较困难的，通常会因为需求的急剧增加而导致价格暴涨，从而危害正常的社会秩序。通过政府储备物资的动用来满足这种突发性需求并不是通过价格机制而是通过政府的行政决策来实现的，这意味着政府的决策必须要及时，决策时滞必须要尽可能缩短，否则将难以有效满足这种突发性需求①。而要保证政府能及时决策、缩短决策时滞，则必然要求政府储备物资管理的决策主体统一。多头管理必然涉及多个决策主体之间的协商、讨论，这会延长决策时滞，难以满足突发性需求。

2.2.2 政府储备物资管理主体统一并不等于管理主体唯一

政府通常都实行级次化管理，形成完整的政府体系。除了有中央政府，还有地方政府，而地方政府通常又分为若干级次。不同级次的政府各有比较优势，彼此之间应合理分工，通过相互协调、相互配合来完成配置资源、生产提供公共产品、满足公共需要的任务。一般来说，中央政府在配置资源、提供全国性公共产品方面具有比较优势，而配置资源、提供地方性公共产品则是其比较劣势；地方政府则正好相反，配置资源提供地方性公共产品，满足地方政府辖区民众的公共需求是其比较优势，而配置资源提供全国性公共产品，满足全国民众的公共需求则是

---

① 这体现为政府职能实现在防范、化解突发事件蕴含风险时所具有的特殊性。一般来说，政府提供其他种类的公共产品和服务也会要求及时决策，这对提高公共产品和服务供给效率具有重要意义，但相对突发事件蕴含风险的防范、化解，其对决策的及时性要求没那么高。

其比较劣势。因此,在政府储备物资管理方面应发挥中央政府和地方政府的比较优势,使二者相互配合、相互协调,来完成总的政府储备物资管理任务。一般而言,若突发事件波及的范围超出了地方政府辖区(极少出现波及范围覆盖全国的现象),此时如果仅仅由地方政府物资储备管理机构发挥作用,通常难以有效防范和化解突发事件所蕴含的风险。因为防范和化解这种超出地方政府辖区范围的突发事件的风险所对应的公共产品的提供,其受益范围明显超出地方政府辖区,对地方政府来说,提供这种公共产品就存在明显的效益外溢。根据外部性理论,由此会导致这种公共产品供给的资源配置量不足,会因边际收益大于边际成本而导致效率损失。这就不能体现效率原则。同时,对地方政府来说,供给这种效益外溢的公共产品,由其充当供给主体并承担全部成本,也不符合利益获取与成本分担对称的公平原则,从而影响地方政府的积极性。因此,对这种波及范围超出地方政府辖区的突发事件所对应的政府储备物资的管理,客观上需要发挥中央政府物资储备管理机构的作用,由其做出集中决策。但是,这并不意味着这种超出地方政府辖区范围的突发事件所对应的储备物资的管理完全由中央政府储备物资管理机构负责,地方政府就可以不成立储备物资管理机构。从理论上讲,中央政府储备物资管理机构主要是解决地方政府应对突发事件动用、提供储备物资防范和化解风险所存在的效益外溢。效益外溢越严重,越需要更多地发挥中央政府储备物资管理机构的作用;效益外溢程度越低,越需要更多地发挥地方政府储备物资管理机构的作用。当然,公共产品受益范围客观上存在明显的层次性,有受益范围覆盖全国的全国性公共产品,也有受益范围仅局限在地方政府辖区的地方性公共产品,从理论上讲,无论是受益范围仅涉及两个社会成员的公共产品还是受益范围涉及全体社会成员的公共产品,公共产品的受益范围存在明显的多样性。若政府储备物资是服务于严格意义上的地方性公共产品的供给,那么该储备物资的管理权应由地方政府掌握。这也是体现效率和公平原则的客观要求。对地方性公共产品来说,受益范围仅涵盖地方政府辖区,由于不同地方政府辖区民众偏好客观上存在差异,所以地方性公共产品由地方政府负责提供更能发挥其信息优势,更有利于实现公共产品供求均衡,而由中央政府负责提供则容易因"偏好误识"而导致公共产品供求脱节进而产生效率损失。另外,地方性公共产品由地方政府负责提供并由地方政府在辖区内分担成本，也符合利益获取与成本分担对称的公平原则。因此，若政府储备物资服务于地方性公共产品的提供，则其管理权应由地方政府掌握。从这个角度讲，在级次化的政府架构下，每级政府客观上都需要成立政府物资储备管理机构，在突发事件波及范围没超出该政府辖区时，由其动用储备物资来防范和化解风险。

需要指出，即便在突发事件波及范围没有超出地方政府辖区的情况下，突发事件的危害程度也有可能超出地方政府的承受能力。一般来说，突发事件的波及范围和危害程度有时是一致的，即波及范围大同时危害程度也高；有时则是不一致的，如波及范围虽然相对比较小，但危害程度相对比较高①，或者波及范围虽然相对比较大，但危害程度却相对比较低。在突发事件波及范围没有超出地方政府辖区，且危害程度也没有超出地方政府自身承受能力时，应对突发事件所需要的储备物资的管理可由地方政府储备物资管理机构负责。但如果危害程度超出了地方政府承受能力，就需要发挥中央政府物资储备管理机构的作用来对地方政府提供必要帮助。这表明即便把政府级次简化为中央政府和地方政府两级，它们也应分别设立各自的储备物资管理机构。因此，在储备物资管理权统一于一个主体的情况下，只要政府实行级次化管理，储备物资管理主体也不是唯一的。一般来说，在金字塔形的政府级次架构下，越到基层，政府的数目会越多，与之对应的政府储备物资管理主体的数目也就相应增加。这种在层级制政府架构下，不同级次政府分别设立储备物资管理机构的现象与政府储备物资的"多头管理"是两个概念，后者是指特定级次政府把政府储备物资管理权限分散于多个职能部门而没有将其统一于一个管理机构，事实上肢解了政府储备物资管理机构的职能。

17

2.2.3　政府物资储备管理决策主体离不开相应的执行主体

为了缩短决策时滞，以有效应对突发事件，政府储备管理的决策主体必须保持统一。多头管理、五龙治水格局必然导致决策时滞延长，从而难以有效防范和化解突发事件所蕴含的各种风险，同时也不利于政府

────────────

①　比较典型的例子是 2008 年的四川汶川大地震以及 2021 年 7 月的河南郑州的暴雨灾害。

储备物资规模和结构的优化①。但政府储备物资管理是涉及面广、影响因素多的复杂系统工程，仅仅保持决策主体的统一并不足以保证政府储备物资管理目标的实现，还需要设立政府储备物资管理的执行机构，负责储备物资的购置、仓储、保管、轮换、调配、运输、回收等各项具体工作。

从不同级次政府储备物资管理的角度考察，政府储备物资管理执行机构的设立可以采用两种模式：

一是分离平行模式，即中央政府和地方政府各自设立储备物资管理执行机构，分别对各自的决策机构负责，具体管理各自的物资储备事务。这种模式的优点：中央政府与地方政府储备物资管理自成体系，决策结构分别负责监督、管理各自的执行机构，信息以横向传递为主，执行机构需要向决策机构呈报储备物资管理的有关信息并接受决策机构的监督、考核，这种模式便于不同级次政府储备物资管理决策机构、执行机构各司其职、各负其责，监督、管理信息不对称程度相对比较低，监督、管理的效率相对比较高，便于提高执行机构工作效率；但是其缺点也是显而易见的，因为中央政府储备物资的管理为了降低运输成本、提高运输效率，以便在尽可能短的时间把物资运输到突发事件爆发地区，其执行机构的设立也必须分散在地方政府辖区，这意味着在地方政府辖区会平行存在两套储备物资管理执行机构，分别对中央政府和地方政府储备物资管理决策机构负责。从整个国家层面来看，政府储备物资执行机构、人员数目的加大会导致运作成本提高（见图 2 - 1）。

二是委托代理模式，考虑到中央政府储备物资也必须在全国范围内合理配置，分散储备于地方政府辖区，所以中央政府只是在储备物资管理决策机构下设立总的执行管理机构，具体的储备物资购置、运输、仓储、调配、轮换、回收、处置等业务委托地方政府储备物资管理执行机构办理（见图 2 - 2）。这种模式的优点是从全国层面看，减少了政府储备物资管理执行机构数和人员数，有利于降低制度运作成本，但是缺点

---

① 优化政府储备物资规模要求管理决策主体应统一，若存在多头管理，每一管理主体为彰显自身工作的重要性会倾向于加大其所管理的储备物资的数量，这会导致政府储备物资规模难以优化。而政府储备物资结构的优化则需要在政府储备物资规模一定的条件下在不同储备方向统筹兼顾、合理安排，在管理决策主体统一的条件下，这不难做到，但若是多头管理，分散决策，则难以实现储备物资结构优化。

也是显而易见的，中央政府物资储备决策机构和执行机构监督地方政府储备物资管理决策和执行机构必然是"一对多"的监督，信息以纵向传递为主，链条长、环节多、信息传递时滞长、信息失真程度高，极易导致严重的信息不对称，根据信息经济学基本理论，委托人监督代理人如果存在严重的信息不对称，那么代理人利用信息优势攫取自身利益，采取机会主义行为的可能性会大大提高。

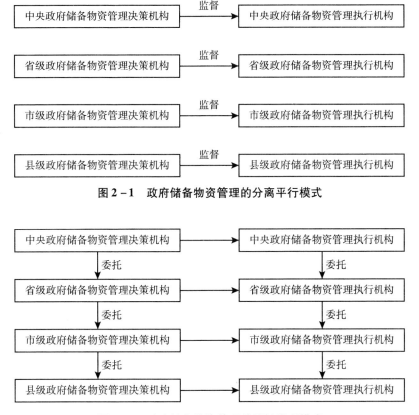

图 2-1 政府储备物资管理的分离平行模式

图 2-2 政府储备物资管理的委托代理模式

从同一级次政府储备物资管理的角度考察，政府储备物资管理执行机构的设置可以分为三种模式：

一是集权模式。该模式是对应政府储备物资管理决策机构，设立一个统一的储备物资管理执行机构，由其负责管理全部储备物资的购置、仓储、调配、运输、回收、处置等管理工作（见图2-3）。这种模式的优点是储备物资管理执行机构的设立比较精简，有利于减少执行机构的从业人数，降低机构运行成本，同时也便于决策机构对执行机构的监督和管理（这体现为一对一的监督和管理）；但是这种模式的缺点也很明显：不同种类的储备物资性质差别明显，由一个机构来负责管理不便于对不同性质的政府储备物资区别对待，不利于实行专业化分工管理。

```
┌─────────────────────┐    ┌──────────────────────────────────────┐
│ 政府储备物资管理决策机构 │ →  │ 某级政府储备物资管理执行机构（管理各种储备物资） │
└─────────────────────┘    └──────────────────────────────────────┘
```

图2-3　政府储备物资管理执行机构设置的集权模式

二是分权模式。该模式是对应政府储备物资管理决策机构，设立多个储备物资管理执行机构，分别管理不同性质、不同种类的储备物资（见图2-4）。这种模式的优点是便于针对不同种类储备物资的不同性质采用分门别类的管理对策，实现专业化分工管理，就每种储备物资管理而言，效率相对较高。但这种模式的缺点是执行机构设置过多，容易导致机构臃肿、人浮于事，不便于实现储备物资管理的规模收益，容易提高储备物资管理的平均成本。

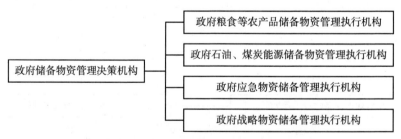

图2-4　政府储备物资管理执行机构设置的分权模式

三是集权与分权相结合模式。该模式有两种具体实现形式：第一种是对应一级政府储备物资管理决策机构，设置一个储备物资管理执行机构，然后再根据储备物资的具体种类设置专门的管理特定种类储备物资的执行机构，使之对统一的储备物资管理执行机构负责（见图2-5）。这一方面便于决策机构加强对执行机构的监督、管理，另一方面在保证储备物资管理执行权统一的前提下，便于发挥专业化分工管理的比较优势，但也会导致执行机构体系庞大、机构人员增加，行政运作成本加大。第二种是对应储备物资管理决策机构，根据储备物资的分类，把通用性较强的储备物资（一般突发事件都需要使用的储备物资）设立一个执行机构；个性特征比较明显，一般突发事件并不需用的特殊储备物资再设立不同的执行机构，比如帐篷、棉被等就属于通用性较强的储备物资，而石油、煤炭等能源储备、国家战略物资储备就是个性特征明显的储备物资，两者可分别对应不同的储备物资管理执行机构（见图 2 - 6）。

图 2 - 5　政府储备物资管理执行机构设置的集权与分权相结合模式 1

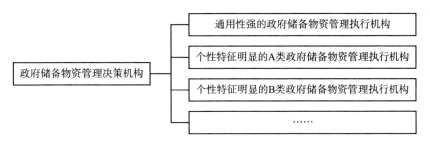

图 2 - 6　政府储备物资管理执行机构设置的集权与分权相结合模式 2

2.2.4　政府储备物资管理的资金保障主体

政府储备物资用于防范和化解突发事件所蕴含的各种风险，满足的是社会公共需要、实现的是公共利益，因而是政府生产、提供公共产品所必须掌控的手段。公共产品非排他性的具体性质决定其需要借助税收形式筹资①，具体由哪一级政府财政以安排预算支出的形式承担储备物资的费用开支，需要根据储备物资所用于提供的公共产品的具体受益范围相机抉择。如果其所用于提供的公共产品具有较为明显的地方性公共产品性质，即受益范围局限在地方政府辖区范围内，则其费用开支主要应由地方政府财政负担，但中央政府财政通常也考虑地方政府的财政能力而要提供一定的财力支持。如果受益范围超出了地方政府辖区，即其所用于提供的公共产品具有较为明显的区域性或全国性公共产品的性质，则其费用开支应主要或全部由中央政府财政负担。因此，原则上讲，每级政府的财政部门应成为该级政府储备物资的资金保障主体。

但是，这并不意味着政府财政需要把政府储备物资的费用开支完全包下来，因为突发事件蕴含风险的危害程度不同，比如严重的自然灾害会使民众遭受巨大经济损失，在一定时期丧失全部或大部分支付能力，这意味着政府的救灾物资通常只能免费发放，以满足民众基本生活需要，这意味着这部分储备物资的确需要政府财政部门充当资金保障主体。但是，有的突发事件蕴含风险的危害程度并不高，会对正常的市场供求关系产生一定影响，相关主体的支付能力基本保持正常，政府投放储备物资主要是调节供求关系、稳定市场，这种情况下政府储备物资可以有偿提供。这既可以满足有关主体的需求，也有利于提高储备物资使用效益，避免储备物资使用中的浪费。此时，通过银行信贷渠道筹资就是较为合适的选择。这意味着特定条件下银行信贷部门特别是政策性金融机构也可以充当政府储备物资的资金保障主体。

确定政府储备物资资金保障主体的难点在于确定储备物资所服务提供的公共产品的受益范围。公共产品的受益范围有大有小，总体上可以分为全国性公共产品和地方性公共产品两大类，但是这两大类公共产品之间并不存在泾渭分明的界限。在二者之间存在大量的区域性公共产品，其受益范围超出地方政府辖区，但又不足以覆盖全国，到底应由中央政府财政部门充当资金保障主体，还是应由地方政府财政部门充当资金保障主体就不太容易确定，往往需要中央政府与地方政府谈判协商。地方性公共产品的受益范围也具有多样性，而地方政府级次却较为有限，因此在地方政府间如何确定储备物资的资金保障主体，客观上也受

---

① 政府储备物资一般在突发事件发生时由政府免费提供，符合条件者都可以无差别免费享用，这种比较典型的公共产品性质决定其需要借助税收形式筹资。

公共产品受益范围多样性与地方政府级次有限性矛盾的制约。通常采用的做法是按照"就近一致"原则确定资金保障主体，即储备物资所用于提供的公共产品的受益范围相对更接近哪级政府辖区，就由哪级政府来充当资金保障主体。当然，尽管如此，还是有一些公共产品的受益范围严格处于上下级政府辖区范围的中间地带，既不相对靠近上级政府辖区，也不靠近下级政府辖区，这就需要上下级政府通过协商谈判来确定资金保障主体或按比例分担出资责任。

2.2.5　设计政府储备物资管理体制

2.2.5.1　政府储备物资管理体制的含义

管理体制是关于管理权限划分的制度安排。政府储备物资管理体制是指以级次化的政府体系客观存在为制度前提，在中央政府与地方政府以及地方各级政府之间，在同一级次政府储备物资管理决策机构、执行机构及相关职能部门之间划分储备物资管理权限的制度安排。规范、科学、合理的政府储备物资管理体制有助于协调不同管理主体之间的利益分配关系，有助于在集权与分权之间实现稳定均衡，有助于调动和发挥各管理主体的积极性、主动性和创造性，便于各管理主体各司其职、各负其责，提高政府储备物资管理效率。

2.2.5.2　设计政府储备物资管理体制的原则

第一，应强调集权与分权相结合。从理论上讲，集权有集权的比较优势，这是因为客观上存在大受益范围的公共产品，对这样的公共产品，采用集权方式提供，有利于实现规模收益，降低平均成本，同时在更为广阔的范围内分担成本，也有利于体现利益获取与成本分担对称的公平原则；但集权也有集权的比较劣势，这是因为客观存在小受益范围的公共产品，对这样的公共产品，采取集权方式提供，容易因"偏好误识"出现供求脱节进而导致效率损失，同时受益范围很小却在更为广阔的范围内分担成本，也不能体现利益获取与成本分担对称的公平原则。一般认为，集权的比较优势也就是分权的比较劣势，反过来，集权的比较劣势也就是分权的比较优势。既然二者各有利弊得失，因此合理的做法是在集权与分权之间实现恰当均衡。从不同级次政府之间的关系考察，过于集权和过于分权的做法都是不合适的。过于集权的做法强调"条条"管理，下级政府的储备物资管理决策机构及执行机构主要对上级政府储备物资管理的决策机构及执行机构负责，信息以纵向传递为主，整个国家的储备物资管理权限集中于中央政府。这种集权的做法虽然可以充分发挥中央政府的积极性、主动性，便于防范和化解全国范围内突发事件蕴含的风险，但会严重抑制地方政府的积极性、主动性，不能充分发挥地方政府在风险防范和化解方面所具有的信息优势，此时分权的边际收益大于集权的边际收益，应降低体制集权程度。过于分权的做法强调"块块"管理，下级政府储备物资管理的执行机构主要对本级政府的决策机构负责，本级政府的决策机构主要对本级政府负责，信息以横向传递为主，储备物资管理权限相对更多地掌握在地方政府手中。这种分权的做法虽然可以充分发挥地方政府的比较优势，调动其积极性、主动性，便于其充分利用自身所掌握的相对充分的信息来防范和化解地方政府辖区内突发事件所蕴含的风险，但是却忽视了中央政府的比较优势，会抑制中央政府的积极性、主动性。因此，合理的政府储备物资管理权限的划分应做到集权与分权相结合，"条条"管理与"块块"管理相结合，信息纵向传递和横向传递相结合。突发事件波及范围若远超地方政府辖区，政府储备物资管理应以"条条"管理和信息纵向传递为主，此时应主要发挥中央政府或地方高层政府的作用；若突发事件波及范围很小，局限在地方政府辖区之内，则应以"块块"管理和信息横向传递为主，主要发挥地方政府或基层政府的作用。这个过程也是发挥中央政府、高层政府和地方政府、基层政府比较优势，实现合理分工的过程。

第二，应强调规范性和灵活性相结合。政府储备物资管理体制设计的规范性主要体现在三个方面：一是尽可能与国际惯例接轨。市场经济国家一般都致力于构建、完善政府储备物资管理制度，其中管理体制设计是制度的重要构成内容。虽然不同国家在不同发展阶段的体制设计会呈现不同特点，但是仍然有一些通行的做法为各国所共同遵循，从而形成国际惯例。这体现了政府储备资产管理所应遵循的共性规律，因而在体制设计方面要做到规范，客观上需要与国际惯例接轨。二是体制应尽可能保持相对稳定。虽然所有国家的政府储备资产管理体制都处于动态的变化发展过程中，但是体制若变动频繁、朝令夕改，则会使各个管理主体包括决策主体和执行主体都难以形成稳定的预期，从而产生严重的短期行为，因此体制设计需要保持相对稳定而不宜频繁变动调整。三是体制应尽可能用法律的形式确定下来。如果体制设计采取由中央颁布文件、通知或规定的形式，那么就会出现这样的局面：中央政府既是行为规则所约束和调节的对象，同时又是行为规则的制订者，那么作为理性的经济人，利用制定规则的优势地位，在制定规则时可能会出现朝着对自身有利的方向调整的局面，而体制设计若能用法律的形式确定下来，则对各级政府的行为都有约束调节作用，无论中央政府还是地方政府都不能随意更改规则，这不仅提高了体制的规范性、权威性，而且也有助于保持体制相对稳定，有助于不同级次政府形成稳定预期。与规范性相对应，政府储备物资管理体制设计的灵活性体现在：一是在体制设计保持相对稳定的同时，不排除体制设计在某些方面和环节可以具有本国特色。不同国家的具体国情不同，因此不同国家的政府储备物资管理体制设计也不可能完全相同，在保证体制设计与国际惯例接轨的同时并不排斥体制设计可以具有本国特点。二是体制在保持相对稳定的同时，不排斥体制设计可以有所变化调整。任何体制设计在初始阶段不可能是完美的，总是会在体制推行中出现这样或那样的问题，如果问题或矛盾表现得比较突出和尖锐，而且成因也很清楚，在政府储备物资管理实践中采取一些对策解决存在的问题当然是完全必要的，这就需要对现有的体制进行调整和完善。因此保持体制的相对稳定与采取必要措施解决体制推行中存在的问题并不矛盾，二者是完全可以统一起来的。三是体制用法律的形式确定下来固然比较理想，但在条件不具备的时候，也可以采用行政命令、政府条例、通知或规定等作为体制的体现形式。在体制并不完善，还存在诸多亟待解决的问题时，贸然通过法律的形式把体制确定下来，反倒不利于针对问题采取解决对策，不利于体制的调整和完善。因此，体制设计的规范性和灵活性需要统一起来，过于强调规范而忽视必要的灵活，体制容易僵化；过于强调灵活而忽视必要的规范，体制就会不伦不类。

　　第三，应强调公平与效率相结合。公平作为主观心理感受，不同的人会有不同的理解，但是仍然可以从不同社会成员对公平标准的千差万别的理解中抽象出大多数人所能接受的公平标准：同等情况，同等对待；不同情况，不同对待，即所谓的横向公平和纵向公平。政府储备物资管理体制的设计需要中央政府处理与多个地方政府的关系，通过体制设计要保证人均财力大致相同的地方政府在遭受同等程度风险事件侵袭时，应能得到相同的中央政府储备物资支持，此为横向公平。同时，应能对人均财力相对弱、遭遇风险程度相对高的地方政府提供更多的储备物资支持，此为纵向公平。从体制设计角度考察的效率体现为突发事件蕴含风险防范与化解的受益范围与储备物资成本分担范围的对应程度，受益范围与成本分担范围对应程度越高，越能体现效率原则，二者越是脱节，越不能体现效率原则。也就是说，地方政府越是要为自己辖区内风险的防范和化解承担物资储备成本，其越有积极性为储备物资提供足够的资金支持，效率原则越是能得到尊重和体现。反之，则反是。显然，体制设计的公平和效率原则是一对矛盾，强调公平特别是纵向公平，需要中央政府对人均财力薄弱的地方政府给予储备物资分配和调拨上的支持，这会降低政府储备物资受益范围与成本分担范围的对应程度，从而影响效率；而要强调效率，提高二者的对应程度，则难以充分体现公平原则。因此，处理二者的关系，较为合适的做法是根据二者何为矛盾的主要方面而相机决策，效率是矛盾的主要方面时，需更多地强调效率，提高政府储备物资受益范围与成本分担范围的对应程度；公平是矛盾的主要方面时，需适当加大政府储备物资分配向人均财力薄弱地区的支持力度。

2.3 "管什么"：政府储备物资
管理客体的理论分析

政府储备物资管理客体笼统地说即政府储备物资，其由不同种类、不同性质的储备物资构成，是庞大复杂的体系。具体而言，可以从多个角度展开分析。

2.3.1 从政府储备物资管理效率视角进行的考察

2.3.1.1 政府储备物资的规模

1. 最优的政府储备物资规模
政府储备物资的规模是指一定时期（通常为一年），政府为防范和化解突发事件蕴含的各种风险而储备的物资的总量。不考虑其他因素，单纯就突发事件蕴含风险的防范和化解而言，政府储备物资的规模当然是越大越好。规模越大，越有利于为防范和化解突发事件所蕴含的各种风险提供可靠物资保障手段。但是，防范和化解突发事件蕴含的风险，只是政府所需要提供的公共产品和服务的一种，除此之外，政府还需要提供其他很多种类的公共产品和服务，所有这些公共产品和服务对于满足民众的公共需要、实现公共利益最大化都是不可或缺的。由于政府在特定时期可用于提供公共产品和服务的资源总量是一定的，因此在不同资源配置方向上必然存在此增彼减、此多彼少的替代关系。若在政府储备物资方向配置资源量多了，用于其他方向的资源配置量就会减少。因此，从理论上讲，只有配置于政府储备物资方向的资源相对其他资源配置方向能够给社会带来更大的效用满足的时候，才是将这部分资源配置于政府储备物资方向的经济理由。换言之，如果用于政府储备物资方向的资源相对其他资源配置方向不能给社会带来更大的效用和满足，那么这部分资源从经济的角度讲，就不应配置于政府储备物资方向。由于资源配置的边际收益递减，随着配置于政府储备物资方向的资源量增加，其边际收益趋于下降，当资源配置于政府储备物资方向的边际收益与配置于其他方向的边际收益相等时，则用于政府储备物资方向的资源配置量就达到最佳，与之对应的政府储备物资规模就达到最优。

在图 2－7 中，E 点所对应的政府储备物资规模达到了最佳，可以有效防范和化解突发事件所蕴含的各种风险，既避免了政府储备物资的闲置和浪费，也避免了由于政府储备物资不足而导致的突发事件蕴含风险所无法有效化解的问题。在该点，政府配置到储备物资方向的资源边际收益与配置到其他方向的资源边际收益相等，政府储备物资资源配置的净收益达到最大值（见图 2－8）。在 F 点，则是政府储备物资规模过大的情况下，其处于资源总量约束线与社会无差异曲线 Ⅱ 的交点，其所对应的社会福利水平低于无差异曲线 Ⅰ 所代表的福利水平，此时政府储备物资难以做到物尽其用，存在闲置和浪费，政府储备物资管理的规模效率没有实现，用于政府储备物资的资源配置边际收益小于用于其他方向资源配置的边际收益，此时应该缩小政府储备物资资源配置规模，使 F 点向 E 点靠拢；在 G 点，则是政府储备物资规模过小的情况，这种情况恰好与 F 点所反映的情况相反，此时政府储备物资由于数量不足而难以有效防范和化解各种突发事件所蕴含的各种风险，政府储备物资管理的规模效率同样没有实现，用于政府储备物资的资源配置的边际收益大于用于其他方向资源配置的边际收益，因此在这种情况下应该扩大用于政府储备物资的资源配置规模，使 G 点向 E 点靠拢。

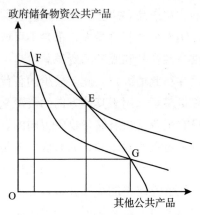

图 2-7 政府储备物资理想规模

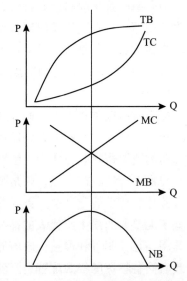

图 2-8 政府储备物资规模净收益最大

虽然在特定国家、特定地区的特定发展阶段客观上存在最佳的政府储备物资规模，但是不同国家、不同地区在不同发展阶段影响政府储备物资规模的因素是不同的，因此合理的政府储备物资规模并非固定不变，其处于动态的变化发展过程中，做好政府储备物资规模管理需要根据特定国家、特定地区在特定历史发展阶段的具体制约因素具体问题具体分析，相机抉择。

2. 影响政府储备物资规模的因素

影响政府储备物资规模的因素很多，经济、政治、社会、历史等诸多因素都会对政府储备物资规模产生重要影响。

（1）经济因素。一是经济规模影响政府储备物资规模。政府储备物资是政府部门资源配置的一项重要内容，政府所能配置的资源一般来说取决于财政收支规模。经济规模对一个国家或地区的财政收支规模有根本性的影响。这体现为经济规模越大，GDP 总量也就越大，在财政收支占 GDP 比例一定的条件下，财政收支规模也就越大，进而言之，在政府储备物资占政府配置资源总量比例一定的条件下，政府物资储备规模也就越大。一个经济大国的政府储备物资规模远大于一个经济小国，根本的原因即在于两国经济规模不同。因此，一般说来，随着一个国家或地区经济规模的扩张，政府储备物资的规模一般也随之扩张。二是经济效益影响政府储备物资规模。政府储备物资属于公共产品供给范畴，公共产品供给规模取决于财政收支规模，而财政收支规模则受制于纯收入占总收入的比重即经济效益的高低。一个国家经济效益越好，纯收入占总收入比重越高，财政收支相对规模也就越大。在政府物资储备支出占财政支出比重一定的条件下，随着财政收支相对规模扩张，政府物资储备支出以及政府储备物资相对规模也就可以越大。同等经济规模国家，经济发达国家的政府储备物资规模远大于发展中国家，主要是因为两者经济效益不同。三是经济体制影响政府储备物资规模。计划体制下，收入分配格局高度集中，企业、家庭可支配收入占比低，防范和化解风险主要依靠政府而不是企业、家庭，政府储备物资规模相对要大；市场体制下，收入分配向企业、家庭倾斜，政府收入占总收入比重下降，企业、家庭自身防范、化解风险能力增强，在风险防范和化解方面形成了多主体共同参与、相互协调、相互配合来共同防范和化解风险的基本格局，相对减轻了政府防范和化解风险的压力，政府储备物资规模可相对缩小。四是经济结构影响政府储备物资规模。在三大产业中，农业受自然灾害的影响程度最大，第二、第三产业受影响程度则相对较小，所以假定其他条件不变，农业所占比重大的国家、地区政府储备物资规模相对要大；在经济的地区结构中，不同地区的经济规模、经济结构、经济效益不同，由此会对不同地区政府储备物资规模产生影响。经济发达地区的经济规模大、经济结构复杂、经济效益好，政府储备物资规模相对较大；经济欠发达地区的经济规模相对小、经济结构相对简单、经济效益相对差，政府储备物资规模相对就小。五是经济政策影响政府储备物资规模。政府储备物资的购置一般需要财政安排购买性支出，这会形成政府需求，因此也会被政府用作调节经济的手段。在经济衰退时期，需求不足，商品价格低迷，政府增加储备物资购置支出，一方面有助于降低政府储备物资购进成本，另一方面还有助于拉动需求，推动经济增长，由此会导致政府储备物资规模扩张。而在经济过热时期，政府为抑制需求，会适当压缩政府储备物资购置支出，这显然会对政府储备物资规模产生反向影响。

（2）社会因素：一是人口的规模和结构影响政府储备物资规模。一般来说，假定防范、化解风险对储备物资人均需求额一定，那么人口规模越大越需要扩大政府储备物资规模；从人口结构考察，如果存在较为严重的老龄化，会弱化家庭保障能力，相对更需要政府储备物资来防范和化解风险，由此导致政府储备物资规模加大。二是社会传统影响政府储备物资规模。一般来说，一个国家如果民众风险忧患意识强，注重防患于未然，储蓄率较高，自身防范、化解风险能力相对较强，则政府储备物资的压力就相对小，从而促使政府储备物资规模缩小，反之，则变大。

（3）自然因素：不同国家自然地理环境和气候条件不同，突发事件爆发频率及风险危害程度不同，这会对政府储备物资规模产生深刻影响。自然灾害频繁且危害程度高的国家需要加大政府储备物资规模；而自然地理条件优越、气候温和的国家，自然灾害发生的概率很低，政府储备物资规模就可以相对小。就我国的情况看，相对欧洲国家，属于突发事件爆发频率和风险危害程度相对高的国家。因为我国居于亚洲东部、太平洋西岸，是全世界季风气候最为典型的地区，夏季高温多雨，冬季寒冷干燥。降水集中于夏季且年际变化大，很容易出现干旱或洪涝灾害。而欧洲则气候温和，特别是西欧，多数地区属于温带海洋性气候且有暖流经过，所以全年降水分布较为平均且年际变化小，发生干旱或洪涝灾害的概率就比较低。这种自然条件的差异会对政府储备物资的规模产生明显影响。

（4）政治因素：一是政府治理模式影响政府储备物资规模。足够的政府储备物资有助于防范和化解突发事件所蕴含的风险，有助于实现公共利益最大化。在民主制度健全的国家，由于政府能受到来自民众及权力机关的有效监督，所以往往能储备足够数量的物资。当然，如果储备物资规模过大也会导致物资闲置和浪费，与公共利益最大化目标相悖，民众也不会支持储备物资规模过度扩张。因此，在民主制度健全的国家，政府储备物资规模更可能实现合理化。另外，由于政府储备物资是应对突发事件蕴含风险，其是否使用带有不确定性，属于相对"软"的公共产品供给范畴，在政府治理模式相对完善的国家会受到重视，反之则容易被忽视。二是政局稳定程度影响政府储备物资规模。政局动荡，政府忙于应对燃眉之急，会无暇顾及政府物资储备来应对带有不确定性的突发事件蕴含风险；政局平稳则有助于强化政府风险意识，注重物资储备，防范、化解各种风险。三是政府运作效率高低会影响储备物资规模。在政府运作效率相对高的国家，防范和化解同样的风险所需动用的储备物资规模就小一些。因此，假定其他条件不变，政府运作效率越高，则国家政府储备物资规模会相对小些；反之，则相对要大。

3. 如何优化政府储备物资规模

首先，应对政府储备物资规模有正确的认识和理解，摒弃政府储备规模越大越好的片面观点，强调在特定国家、特定地区客观上存在最佳的政府储备物资规模。单纯就突发事件蕴含风险的防范和化解而言，政府储备物资规模当然是越大越好。但是，突发事件蕴含风险的防范和化解只是政府需要提供的公共产品和服务之一，除此之外，政府还需要提供很多种类的公共产品和服务，在其可支配使用资源量一定的条件下，资源在不同的使用方向必然是此多彼少、此增彼减的关系。因此，政府储备物资规模的确定必须考虑其机会成本，机会成本过高，超过了储备物资给社会带来的边际效用，则储备物资规模扩张就是不合适的。其次，应根据历史上突发事件爆发的频率和危害程度相机确定储备物资规模。虽然突发事件的发生有很大偶然性和不确定性，但从一个较长时间跨度考察，突发事件的发生则带有一定的必然性、确定性。可以根据风险具体性质，按照十年一遇、百年一遇、千年一遇的防范标准相机确定储备物资规模。最后，应对政府储备物资实行统一管理，这是优化政府储备物资规模不可缺少的重要条件。政府储备物资若缺少统一的管理机构，用于不同方向的储备物资分属不同机构管理，每一机构为突出、强调自身的地位和重要性，都会倾向于加大特定种类储备物资的规模，由此就难以保证政府储备物资整体规模的优化。当然，即便政府储备物资由统一的机构进行管理，该机构出于自利仍然会倾向于扩大储备物资规模，但毕竟实现储备物资规模优化有助于增进社会公共利益，因此该机构的自利倾向显然会受到来自权力机关、审计机关、社会舆论等多种形式的监督，这种监督一般来说相对有效，毕竟监督对象单一，从而形成了"多对一"的监督格局。而政府储备物资实行多头管理的格局下，则会形成"一对多"或"多对多"的监督格局，信息不对称、不充分的问题会更为明显。从这个意义上讲，实行政府储备物资统一管理的确是优化储备物资规模不可或缺的重要条件。

2.3.1.2　政府储备物资的结构

1. 政府储备物资的最优结构

政府储备物资要用于防范和化解突发事件所蕴含的各种风险，由于突发事件及蕴含风险的性质不同，所以政府所需储备物资的性质、种类也会不同。即便是要防范和化解同一突发事件往往也需要不同种类、不同性质的储备物资共同发挥作用。这意味着在政府储备物资规模一定的条件下，还涉及不同种类、不同性质的储备物资如何搭配组合的问题，这体现为政府储备物资的结构。所谓政府储备物资的结构，简而言之是指不同类别、不同性质的储备物资占总量的比重及相互间的比例关系。

假定防范和化解突发事件对储备物资的需求结构一定，那么能够与这种需求结构相匹配的政府储备物资结构就是合理的，符合效率原则。因为特定种类、特定性质的储备物资的边际效用递减，不同种类、不同性质的储备物资不能相互替代，因此超过特定需要量的储备物资所带来的边际效用很小，而供给量不能满足需要的储备物资的短缺所导致的边际效用损失会很大，因此一旦储备物资供求结构脱节，则供给量偏多的储备物资所增加的边际效用会小于供给量偏少的储备物资所减少的边际效用，由此必然导致社会福利损失。在图 2 - 9 中，假定突发事件蕴含风险的防范和化解需要两种储备物资，那么图中凹向原点的曲线即为资源约束线，其表示在能够配置于储备物资的资源一定的条件下，两种储备物资所有的可能的搭配组合点的集合，其与社会无差异曲线 I 相切的 E 点所对应的政府储备物资结构为最优。其与社会无差异曲线 II 相交的 F 点和 G 点则是两种储备物资没有实现合理搭配组合的情况。对于 F 点，其所对应的是 A 类储备物资太多而 B 类储备物资太少的情况，根据边际效用递减规律，F 点所对应的社会福利水平低于 E 点所对应的社会福利水平。对于 G 点，其所对应的情况与 G 点相反，B 类储备物资太多而 A 类储备物资太少，但就所导致的社会福利损失而言，二者并无差别。

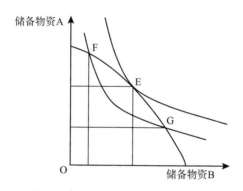

图 2 - 9　理想的政府物资储备结构

　　特定国家、特定地区在特定时期客观上存在最佳的政府储备物资结构，但是由于不同国家、不同地区在不同时期所面临的防范和化解突发事件蕴含风险的具体制约因素不同，所以到底何种储备物资占总量的比重多大是合理的，并不存在一确定数值，其事实上处于动态的变化调整过程中。优化政府储备物资结构，需要根据特定国家、特定地区所面临的防范和化解突发事件所蕴含风险的具体制约因素，具体问题具体分析，相机抉择。

2. 政府储备物资结构的制约因素

　　（1）经济因素：一是经济效率水平制约政府储备物资的结构。经济效率水平制约着人均财力水平。在经济效率水平低的发展中国家，政府财力有限，应对突发事件，防范和化解风险的能力相对较弱，还难以全面有效化解突发事件所蕴含的各种风险，会相对更为注重基本风险的防范和化解。在政府储备物资结构确定方面，会相对注重防范和化解风险所需的基本物资储备，储备物资的种类会相对简单，层次、质量低的储备物资所占比例会高；反之则反是。二是经济结构影响政府储备物资的结构。产业结构影响政府储备物资结构，农业所占比重大的国家会加大防范和化解农业生产面临风险所需的储备物资所占比重；而工业化国家则会加大能源及重要原材料储备所占比重；经济发展的地区结构会对政府储备物资的地区结构有决定性影响。毕竟不同地区经济发展规模、结构、效益不同，这意味着政府储备物资也必然存在地区结构差异。三是经济政策影响政府储备物资的结构。政府购买储备物资是政府推行经济政策的手段之一，政府储备物资结构的确定会被用于实现政府经济政策目标。为扶持民族产业发展，政府储备物资的购买会优先选择民族品牌，这会影响政府储备物资国产和进口物资所占比例；为推行环保政策，减少污染，节能降耗，政府储备物资的购买会注重节能环保，这也会对政府储备物资结构产生影响。

（2）政治因素：一是国家权力集中程度影响政府储备物资结构。权力较为集中的单一制国家，防范和化解突发事件蕴含风险的任务主要由中央政府承担，中央政府储备物资在总量中占比较大；权力较为分散的联邦制国家，地方政府在突发事件风险防控中会发挥相对更为重要的作用，地方政府储备物资在总量中会占比较大。二是政府职能影响政府储备物资结构。政府在物资储备方面的职能范围大而宽，政府储备物资种类会较多，结构会较为复杂；反之，若职能范围小而窄，政府储备物资种类会较少，结构会较为简单；政府在物资储备方面职能实现的重点自然会是物资储备的重点，比如新冠肺炎疫情的爆发使得疫情防控成为政府的工作重点，疫情防控物资在政府物资储备总量中所占比例会大幅度提高。三是政府治理模式及效率水平影响政府储备物资结构。政府储备物资结构的优化有利于实现公共利益最大化，在政府行为能够受到有效监督和制约的条件下，政府储备物资管理机构及人员有动力和压力来实现储备物资结构优化，即便在储备物资结构确定方面出现问题也相对容易解决；而如果政府行为不能得到有效监督和制约，政府储备物资管理机构及人员的利己动机可能会扭曲储备物资结构，比如通过寻租加大质量低劣储备物资所占比重以从中攫取私利，在储备物资结构出现问题所导致的矛盾已较为明显和突出的条件下，也不见得能及时得到纠正。

（3）自然因素：一个国家的自然地理环境及气候因素对其面临的突发事件的性质及风险危害程度有基本制约作用，进而会制约储备物资结构。典型的季风气候国家，降水在一个年度高度集中且年际差别很大，极易导致洪涝灾害，防洪抗旱的物资储备所占比例自然就会加大，而在典型的温带海洋性气候国家，一年之内降水平均且年际变化很小，几乎不会出现洪涝灾害，防洪抗旱物资储备所占比例就小；处于板块交界地带的国家，如日本，地壳活跃，地震频发，防震物资储备所占比例就大，而处于板块中心地带的国家，地壳稳定，从历史上看就极少发生地震，因此防震物资储备就不可能是其物资储备的主要组成部分。

3. 如何优化政府储备物资结构

首先，应提高对优化政府储备物资结构的重视程度。由于不同种类、不同性质的储备物资相互之间不能替代，根据边际效用递减规律，若储备物资结构出现问题，和需求结构脱节，则必然导致社会福利水平下降。其次，应根据特定国家、特定地区防范、化解突发事件蕴含风险对储备物资的需求结构的历史信息，综合权衡，相机确定储备物资结构。为此，政府储备物资决策机构、执行机构必须重视对政府储备物资需求信息的搜集、整理，充分了解社会成员对储备物资的需求结构信息，以便做出合理决策。再次，应强调对政府储备结构实行动态管理，合理的政府储备物资结构并不是一成不变的，同一国家或地区在不同发展阶段合理的储备物资结构事实上处于动态的变化调整过程中，随着影响制约因素的变化，合理的政府储备物资结构也需要随之变化和调整。最后，应强化政府储备物资绩效管理，把结构优化程度作为政府绩效考核指标并赋予较高权重，并通过绩效考核结果加大奖惩力度，促使各级政府能督促储备物资管理机构和人员尽可能优化储备物资结构。

2.3.1.3　政府储备物资的效益

1. 政府储备物资效益的表现

政府储备物资的规模管理体现为在宏观层面追求政府储备物资总量优化，政府储备物资结构管理体现为在中观层面追求政府储备物资结构优化。在政府储备物资规模和结构都已优化的条件下，在微观层面还应做好政府储备物资的效益管理，追求高的投入产出率，即在投入一定的条件下实现政府储备物资产出最大，或在政府储备物资产出一定的条件下做到投入最小。这体现在以下几个方面或环节：

一是在政府储备物资的购置、形成环节，一般要通过购置实现价值形态的财政资金向实物形态的储备物资转化。这和政府财政支出的效益分析有直接联系，一些提高财政资金使用效益的方法对于提高购买环节的政府储备物资效益水平有很大帮助，比如政府采购制度、国库集中收付制度、部门预算制度等，都可为提高政府储备物资购买环节的效益水平发挥基础作用，但是政府储备物资购买环节的效益分析和财政支出的效益分析还是不能简单等同。毕竟，购买什么种类的储备物资、购买多少以及怎么购买，体现为政府储备物资管理机构的职责，是否能够做到少花钱、多办事、事办好，在耗费财政资金数量一定的条件下，形成尽可能多的政府储备物资，更多地体现为财政部门的职责，但二者之间的紧密联系要求政府储备物资管理机构与政府财政部门需相互协调、相互配合、相互监督，共同完成提高政府储备物资管理效益的任务。一般来说，通过公开、公平、公正的政府采购，提高采购透明度，变"黑暗中的采购"为"阳光下的采购"，可以发挥规模购买的比较优势，可以尽可能减少"捞取回扣"对政府储备物资购置资金使用效益所造成的负面影响，提高政府储备物资管理的微观效益。而部门预算的编制可充分发挥政府储备物资决策机构和执行机构的信息优势，有利于提高政府储备物资采购资金使用效益。

二是在政府储备物资管理的仓储环节，尽可能降低储备物资的仓储成本是提高政府储备物资效益管理水平的一项重要内容。政府储备物资作为政府资产的一种特殊形式，相对其他政府资产，其所具有的典型特征是防范和化解突发事件所蕴含的风险，而不是满足一般意义上政府职能的实现。在突发事件没有发生的情况下，其会一直处于储存状态而并不将作用真正发挥出来，或者说其作用只是以潜在的、可能的形式体现出来，因此储存费用构成政府储备物资管理成本的重要构成部分。提高政府储备物资管理的微观效益需要选择合适的储存方式、方法来降低储存成本。由于政府储备物资通常都有一定的保质期，因此在政府储备物资管理的仓储环节，需要根据储备物资的具体性质和保质期做好轮换工作，这是提高政府储备物资仓储效益不可忽视的一项重要工作内容。储备物资的轮换是技术性很强的工作，轮换过于频繁会加大轮换成本，轮换不及时则会导致储备物资的浪费，因此应根据储备物资的具体性质合理确定轮换周期，以尽可能降低政府储备物资在仓储环节的成本投入。

三是在政府储备物资的使用环节，政府储备物资最终要在突发事件发生时化解各种风险，如何做到物尽其用，确定合适的储备物资发放、使用标准，既能有效化解风险，又能避免储备物资使用中的浪费，是提高政府储备物资效益管理水平的一项重要内容。由于政府储备物资的形成来源于财政的无偿拨款，加之突发事件爆发形成的严峻形势往往构成对储备物资的强劲需求，所以政府储备物资的使用可能会存在发放使用标准不够严格而导致的浪费现象，客观上需要强化对政府储备物资使用环节的效益管理。按照经济学的基本原理，政府储备物资免费发放即意味着价格为零，对价格为零的产品和服务，消费者为实现效用满足程度最大化，会一直消费到边际效用为零的水平。此时资源配置的边际成本远大于边际收益，由此会导致效率损失。因此，除特殊情况外，政府储备物资使用一般不宜采用免费发放形式，这对于提高政府储备物资在使用环节的管理效益具有重要意义。

2. 政府储备物资效益的影响因素

（1）机构设置、人员配备情况。政府储备物资决策机构、执行机构设置及人员配备情况直接影响着政府储备物资管理的公用经费和人员经费开支情况。机构精简、人员精干有助于降低政府储备物资管理费用，提高政府储备物资管理效益；而机构臃肿、人浮于事则会加大管理费用开支，降低政府储备物资管理效益。

（2）管理模式选择。不同国家国情不同，适合的政府储备物资管理模式也不相同。根据具体国情选择合适管理模式有助于提高政府储备物资效益。比如：大国采用分权模式有助于提高效益，采用集权模式则无助于效益提高；小国采用集权模式有助于提高效益，采用分权模式无助于效益提高。因此，不宜对集权模式和分权模式的效益水平做出笼统地"一刀切"的评价；政府治理模式合理、效率较高的国家采用政府直接储备的效益较好，反之则差；市场机制健全、私人资本力量较强、现代企业制度健全、市场竞争充分的国家采用委托企业代储模式效益较好，反之则差；生产周期长、满足需求时效性要求高的物资采用实物储备效益好，反之则差；生产周期短、满足需求时效性要求相对低的储备物资采用合同储备和生产能力储备模式效益相对要好，反之则差。总之，不同的管理模式有其比较优势，也有其比较劣势，不能笼统地对不同管理模式做出优劣判断，而应针对政府储备物资管理所面临的具体约束条件选择合适的管理模式。

（3）管理手段运用。各种管理手段对于效益提高都有特定作用，手段综合运用及搭配合理程度制约政府储备物资效益，若各种手段能取长补短、相互协调、相互配合便于提高效益，而某个、某些手段缺失或作用发挥不充分则降低效益；手段强化方式及实现程度制约政府储备物资效益。一般来说，政府储备物资管理手段的强化边际收益递减，若能抓住手段运用的薄弱环节，明确手段强化的重点，便于取得明显效果，提高效益，反之则降低效益。

（4）管理依据情况。管理依据体系完备，制度简明，有助于实现政府储备管理行为依据科学、规范、合理，有助于提高政府储备物资效益；反之则降低效益。

3. 如何提高政府储备物资效益

一是在保证管理职能顺利实现的条件下，精简政府储备管理机构，裁减冗员，降低公用经费和人员经费开支。公用经费、人员经费开支构成政府储备物资管理的行政成本，在管理的政府储备物资规模和管理水平一定的条件下，行政成本越高，政府储备物资管理效益越低，反之，则越高。因此，提高政府储备物资管理效益，应注意控制和压缩公用经费和人员经费开支，降低政府储备物资管理的行政成本。但是，也不能认为政府储备物资管理机构越精简越好，公用经费和人员经费开支越少越好。正确的认识应是在政府储备物资管理机构和人员提供的管理服务数量和质量一定的条件下，机构越精简越好，配备的人员越少越好。一言以蔽之，政府储备物资管理机构设置和人员配备，其边际收益递减，边际成本递增，在二者相等时，机构设置和人员配备达到最佳。二是根据具体约束条件选择合理管理模式，无论是集权模式还是分权模式；政府直接储备模式还是委托企业代储模式；实物储备模式还是合同储备、生产能力储备模式，各有得失，不同国家、不同地区面临的具体约束条件不同，所应选择的合理的储备模式也不相同，应该根据所面临的具体约束条件确定合理的储备模式。三是综合运用多种管理手段，首先由于不同的政府储备物资管理手段各有比较优势和比较劣势，因此各种管理手段应相互协调、相互配合，而不应相互替代，应通过不同管理手段的搭配组合发挥各种管理手段的比较优势；其次应明确手段强化的着力点，针对手段运用的薄弱环节采取有针对性的对策，可取得立竿见影的效果。对于作用已经充分发挥出来，甚至作用已经发挥到极致的管理手段，再予以强化已没有实际意义，而针对相对弱的手段予以强化，可取得相对更为明显的效果。四是健全政府储备物资管理依据。政府储备物资管理作为一项复杂的管理活动，应有完备的法律法规体系作为管理依据。首先应有类似政府储备物资管理基本法或政府储备物资管理通则之类的法规作为管理的基本依据，对政府储备物资管理所涉及的基本内容做出共性的原则性规定；其次应依据政府储备物资的具体种类制定专门的法律法规，充分体现特定种类的政府储备物资管理所应遵循和体现的个性规律；最后还要制定实施细则和补充规定。健全的管理依据有助于降低政府储备物资管理制度运作的交易成本，提高管理效益。

2.3.2　从政府储备物资管理环节视角进行的考察

政府储备物资的管理从横向考察是涉及面广、影响因素多的复杂系统工程，从纵向考察是涉及多个环节的链条，其中每个环节都是加强政府储备物资管理所不可或缺的。

2.3.2.1　政府储备物资筹资管理

第一，政府储备物资的筹资管理首先需要明确筹资主体，即需要确定谁应该负责为政府储备物资的形成提供资金来源。由于政府储备物资服务于公共产品的生产和提供、公共需要的满足和公共利益的实现，所以根据公共经济学基本原理，应根据其所服务提供的公共产品的受益范围来明确筹资责任，这符合公平和效率原则，同时也是划分政府间事权和支出责任所应强调的首要原则。从理论上讲，防范和化解各类风险动用政府储备物资所提供的公共产品，其受益范围与哪级政府辖区范围有直接对应关系，就应该由哪级政府承担筹资责任。因此，从理论上讲，如果动用政府储备物资所提供的公共产品和服务的受益范围的层次性与现实的政府级次正好吻合，则确定储备物资筹资主体的工作就很容易开展，但现实情况通常并非如此。因为动用政府储备物资提供的公共产品和服务，其受益范围的大小具有多样性，而政府级次只有有限的几级，这就使政府储备物资政府间筹资责任的划分不能不受政府级次有限性与公共产品和服务受益范围多样性矛盾的制约①。多数情况下，政府储备物资所服务提供的公共产品会超出一级政府辖区，但又不足以覆盖上级政府辖区。这种情况下就需要采取"就近一致"原则来明确政府储备物资的筹资责任主体（即政府储备物资所服务提供的公共产品和服务的受益范围相对更接近哪一级政府辖区，就应由哪级政府承担筹资责任），同时通过政府间转移支付来协调政府间的利益分配关系。但是"就近一致"的原则在实践中难免会遇到一定困难。因为客观上总会存在一些公共产品和服务，其受益范围既不接近上级政府辖区，也不更接近下级政府辖区，其处于上下级政府辖区范围的中间地带。从理论上讲，若需要不同级次政府共同承担储备物资筹资责任，就需要明确划分不同级次政府的出资比例，否则相互之间的推诿扯皮会导致政府储备物资购置资金来源不足，从而对突发事件所蕴含风险的防范与化解造成不利影响。

第二，政府储备物资管理需要确定筹资形式。这需要把政府储备物资自身的性质和政府储备物资所服务提供的公共产品的性质区分开来，不可混为一谈。绝大部分政府储备物资本身都具有比较明显的私人产品性质，比如帐篷、棉被、粮食、化肥、农药、种子、石油、煤炭等，都具有可分割性、竞争性和排他性，都可以通过市场机制向社会提供。但这仅限于正常情况，一旦出现突发事件，则市场就难以实现正常供给，这些生产、生活必需品的严重短缺极易导致社会秩序混乱，因此政府需要掌握一定数量的储备物资，来防范和化解突发事件所蕴含的风险，这就是在向社会提供严格意义上的公共产品，在满足社会公共需要、实现公共利益，从这个角度讲，政府储备物资是政府提供特定种类的公共产品和服务的手段，其服务、服从于公共产品的提供，因此公共产品自身所固有的性质决定其合适的筹资形式是税收②。税收作为政府储备物资的理想筹资形式并不排斥在特定条件下可以采用其他筹资形式。比如政府为了调节、稳定供求关系而并非应对突发事件而储备的物资，如粮食等农产品储备、石油煤炭能源储备等，通过银行信贷渠道解决资金来源也是完全可以的，这不仅可以减轻政府储备物资筹资的财政负担，也有

① 参见：李森.试论公共产品受益范围多样性与政府级次有限性之间的矛盾及协调［J］.财政研究，2017（8）.
② 税收被视作人们为消费公共产品和服务而向政府支付的特殊价格。

助于提高政府储备物资的管理和使用效益。但这种有偿的筹资形式离不开无偿筹资形式的协调配合。毕竟政府储备物资的储备、使用旨在满足公共需要、实现公共利益，不带有任何营利性质，以有偿方式筹资所产生的利息负担以及运作费用仍然需要无偿的筹资形式解决资金来源。筹资主体可以根据面临的具体约束条件相机选择，但归根结底不能否定税收形式作为政府储备物资筹资形式的主体地位。

第三，政府储备物资的筹资管理还需要确定筹资的规模。政府储备物资筹资的规模取决于筹资主体所需要防范和化解的突发事件蕴含的风险程度的高低及规模大小。因此，不同筹资主体在不同时期所面临的具体约束条件不同，所以合适的筹资规模对不同筹资主体来说是不一样的。但可以肯定的是，特定国家、特定地区在特定时期客观上存在一个最佳的筹资规模。偏离了这个最佳筹资规模，如果规模偏大，会导致储备物资或资金的闲置①和浪费；如果规模偏小，则突发事件发生时，会由于储备物资数量不足而难以有效防范和化解相关风险。

第四，政府储备物资的筹资管理还需要确定筹资的结构。筹资结构和筹资形式有内在联系，可以从筹资形式的角度考察筹资结构，这体现为筹资的形式结构，但除此之外，筹资结构的考察还可对应不同的考察视角。比如，还可以从资金是无偿使用还是有偿使用来考察筹资结构。因需要防范和化解的风险的具体内容、性质和表现形式不同，合适的筹资结构需要多元化，结构过于单一，不利于充分发挥政府储备物资防范和化解风险的作用。

2.3.2.2　政府储备物资购置管理

第一，政府储备物资的购置需要确定合适的购置途径。政府储备物资自身所具有的私人产品属性决定了其可以通过市场渠道购置，由此可充分发挥市场机制在公共产品供给过程中的作用。依据公共经济学的基本理论，公共产品和服务的生产和提供是可以分开的，其由政府来提供，承担相应的费用开支，但并不一定需要由政府来直接生产。私人经济部门的经济主体通过市场机制的作用可以生产、提供大部分政府储备

---

① 政府储备物资的正常储存和政府储备物资的闲置是两个概念，所谓正常储存是正常情况下不会使用，但突发事件发生时，储备物资还是能够做到物尽其用；政府储备物资的闲置是指即便突发事件发生时仍然不能被使用或充分使用的储备物资。

物资。因此，通过市场渠道购置储备物资相对由政府成立国有企业来直接生产通常可以实现更高的效率。政府储备物资服务于风险的防范和化解，服务于公共产品和服务的供给，但其自身却通常具有可分割性、竞争性和排他性等私人产品的性质。这意味着绝大部分政府储备物资都可以通过市场渠道采购，而没有必要通过政府投资建立国有企业来生产。这是由私有产权和公有产权的比较优势和比较劣势的对比关系所决定的。公有产权相对私有产权，其比较优势体现为配置资源，生产提供公共产品，满足公共需要，实现公共利益；其比较劣势体现为配置资源，生产提供私人产品，满足私人需要，实现私人利益。公有产权的比较优势正是私有产权的比较劣势；其比较劣势正是私有产权的比较优势。如果通过成立国有企业来生产提供政府储备物资不利于提高效率，而通过政府采购，借助市场机制和私有产权的力量，则可以大大提高政府储备物资购置环节的效益水平。

第二，政府储备物资的购置需要选择合适的购置时机。市场价格机制发挥作用的表现形式是价格围绕价值上下波动，利用价格低点确定购买时机可以有效降低储备物资购置成本，同时还可以发挥稳定市场的调节作用。比如在粮食丰收时，由于其需求弹性很小，由此会导致粮价大幅下降，政府以保护价购买粮食作为储备物资，既解决了储备物质的购置问题，也稳定了粮食价格，保护了农民利益，稳定了农业发展。对于石油、煤炭等能源储备而言，其价格也会随市场供求关系的变化而大幅波动，在国际石油、煤炭价格处于低点时加大购买量，也可以降低储备物资购置成本。

第三，政府储备物资的购置需要选择合适的购置方式。政府储备物资由于购买数量大、规格品种相对单一，适合采用政府集中招标采购，按照公开、公平、公正原则选择供应商，可以提高采购的透明度，提高采购质量，降低采购成本。当然，一些分散零星的储备物资则可以采用相对灵活的购置方式，对购置方式选择"一刀切"，反倒不利于降低购置成本。

2.3.2.3 政府储备物资仓储管理

第一，政府储备物资的仓储管理需要确定仓储地点的空间布局。从降低仓储成本的角度看，仓储地点数量越少、越集中，越能实现储备物资仓储管理的规模收益，从而降低仓储成本，但仓储空间布局过于集中，会加大仓储物资购置和使用环节的运输成本，同时使仓储物资使用的时效性难以保证，突发事件发生时难以保证储备物资及时发放，影响风险防范和化解效果。反过来，仓储地点过于分散也不合适，虽然由此可以保证突发事件发生时储备物资能及时发放到位，有效降低储备物资运输成本，节省运输时间，但是由此将难以实现储备物资仓储管理的规模收益，仓储管理的公用经费、人员经费的开支占比会大幅提高，由此增加的成本会大于节省运输成本和运输时间而带来的收益。因此，从理论上讲，政府储备物资的仓储管理的空间布局应在集中与分散之间实现恰当的均衡，实现二者边际收益相等。在图 2 - 10 中，从左到右是政府储备物资仓储集中管理的边际收益曲线，从右到左是政府储备物资仓储分散管理的边际收益曲线，在二者的交点 E 是最佳的均衡点。在 E 点左边，集中管理的边际收益大于分散管理的边际收益，此时提高集中管理程度有利于增进社会福利水平；在 E 点右边，分散管理的边际收益大于集中管理的边际收益，此时降低集中管理程度有利于增进社会福利水平。

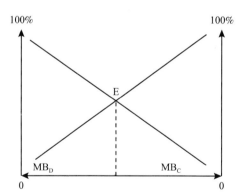

图 2 - 10　政府储备物资仓储在集中管理与分散管理之间的均衡

第二，政府储备物资仓储管理还需要处理好综合仓储和专业仓储之间的关系。所谓综合仓储是指一个仓储点收储各类储备物资，在仓储点内部分门别类进行管理，由此可以减少仓储点设置的数量，发挥综合管理的比较优势，降低公用经费和人员经费开支，实现仓储物资管理的规模收益，但由此也会导致仓储点内部管理压力加大，难以做到对不同种类、不同性质的仓储物资进行有针对性的、分门别类的管理；所谓专业仓储是指一个仓储点主要或重点收储一类物资，由此可以提高政府储备物资仓储管理的专业化水平，便于针对特定种类的物资采取专门化的管理对策，发挥专业化管理的比较优势，但由此也会导致仓储点设置数量增多，公用经费和人员经费开支加大，难以实现仓储物资管理的规模收益。由此看来，两种政府储备物资仓储管理模式各有得失，完全采用一种模式而舍弃另一种模式并不是合适做法。较为理性的选择是两种模式都采用，通过二者的协调配合，相辅相成，来完成政府储备物资的仓储管理任务。一般来说，对于一般性突发事件风险防范和化解都需要的共性较强的储备物资管理，适合采用综合管理模式，对于特殊性较强的突发事件风险防范和化解所需要的个性较强的储备物资管理，适合采用专业化管理模式。

第三，政府储备物资仓储管理需要协调好价值管理与实物管理的关系。政府储备物资属于广义的政府资产的重要组成部分，因此政府储备物资管理属于政府资产管理范畴，而政府资产管理又是政府财政管理的重要组成部分。从政府储备物资管理到政府资产管理再到政府财政管理，涵盖的范围越来越宽泛。从三者关系考察，政府资产管理相对一般意义上的政府财政管理，更强调实物管理的重要性。对于一般的财政安排的消费性支出，包括公用经费和人员经费，主要涉及的是价值管理，通常并不涉及实物管理，而对于政府资产而言，实物管理的重要性甚至要超过价值管理，或者可以说价值管理实际上服务于实物管理，最终目的是要做到物尽其用，避免资产的闲置和浪费；就政府储备物资管理与一般意义上的政府资产管理的关系来说，前者更强调实物管理的重要性。这是因为政府储备物资管理相对一般意义上的政府资产管理具有明显的特殊性：第一，相对集中性管理与相对分散性管理的区别。无论政府储备物资管理还是一般政府资产管理通常都有统一负责的管理机构，从这个意义上讲，二者都有集中性管理的性质，但政府储备物资的管理要相对集中，这体现为决策机构以及执行机构的数量较为有限，总体上呈现更为明显的集中管理格局①；而一般意义上的政府资产管理由于资

---

① 这是因为一般意义上的政府资产要服务于不同种类、不同性质的公共产品和服务的提供，因此其必然要分布于政府的各个职能部门、事业单位、国有企业等，而政府储备物资则服务于突发事件蕴含风险的防控，其所服务的公共产品和服务供给的种类相对单一，因此其管理可以相对集中。

产配置于不同级次的政府、一级政府内部不同的职能部门、一个部门内部不同的单位，从而形成资产管理机构、部门、单位等不同层次的众多管理主体，总体呈现相对分散的管理格局。第二，满足政府日常功能实现的管理与防范、化解各种风险的管理的区别。一般意义上的政府资产管理服务于一般意义上政府职能的实现，无论存量资产管理还是增量资产管理，都要求资产在不同部门、同一部门不同单位之间得到合理配置，从而分门别类地向社会提供公共产品和服务；而政府储备物资则是服务于政府特定职能的实现：防范和化解各类事件所蕴含的公共风险。一般意义上的政府资产是作为多种公共产品和服务的供给手段而存在，政府储备物资则是作为一种特定的公共产品和服务的供给手段而存在。第三，价值手段和实物手段都能满足需求的管理与只能通过实物手段满足需求的管理的区别。对一般意义上的政府资产管理而言，一个部门、单位的资产需求可以通过存量资产调剂（实物手段）来满足，也可以通过编制资产预算、增加财政投资性支出（价值手段）来满足。从部门、单位职能实现的角度讲，这两种手段并没有明显差别。但是对政府储备物资管理来说，一旦突发事件爆发，必须通过动用储备物资才能化解风险，通过价值手段比如增加财政支出并不能解决实际问题。毕竟各类风险的发生会导致市场物资供给严重短缺，此时即便有资金也不一定能买到相应物资。这实际上也是政府储备物资的根本原因。如果能够通过单纯增加财政支出的方式来防范和化解突发事件所蕴含的各种风险，政府就完全没有必要进行物资储备。世界各国之所以都非常重视政府物资储备，就是因为在特殊条件下，通过市场交换事实上难以满足特定的物资需求。从这个意义上讲，政府储备物资的实物管理相对价值管理处于更为重要的地位。但是这并不意味着政府储备物资的价值管理可有可无，事实上离开了价值管理，对政府储备物资进行会计核算都是不可能的，因此二者必须紧密结合，做到政府储备物资价值管理与实物管理紧密结合。第四，政府储备物资的仓储管理需要处理好政府直接仓储和委托企业代储的关系。政府直接仓储是指通过政府投资建设储备库并相应设置管理机构、配备专门的管理人员来储备物资。政府直接仓储的好处是便于把储备物资的仓储管理落到实处，由专门的机构和人员来从事仓储管理工作便于明确划分管理权责，信息不对称程度低，监督考核相对容易进行，但缺点是容易导致机构臃肿、人浮于事，加大仓储管理运作成本，降低效率。委托企业代储是指政府并不直接投资建设储备库，而是将仓储工作委托给企业，由企业代为储备。由于企业本身为了保证生产经营活动的顺利进行，其自身就需要有一定储备，往往有专门的机构和人员从事仓储管理工作，在此基础上接受政府委托增加一部分政府储备，便于实现储备的规模收益，降低储备平均成本，事实上有助于实现政府与企业的互惠双赢。但是政府与承储企业之间的信息不对称程度较高，政府作为委托人监督代理人难度加大，监督成本较高，承储企业可能利用自身的信息优势采取机会主义行为，即一方面接受政府委托，收取承储费用，另一方面却用企业物资储备抵充政府物资储备，或者虽然也增加了一部分政府储备物资，但数量、质量达不到合同规定要求，这可能会导致突发事件发生时难以有效防范和化解有关风险。因此，总体上看，政府直接储备与企业代为储备二者各有得失，应该根据储备物资及需要防范和化解风险的具体性质，具体问题具体分析，选择合适的储备方式。

2.3.2.4　政府储备物资使用管理

46

使用管理是政府储备物资管理的最后一个环节，也是最为重要和关键的环节。在整个政府储备物资管理链条中，即便筹资、购置、储备等环节的工作做得非常好，如果在使用环节出了问题，则政府储备物资的目的仍然实现不了。从政府职能实现的角度讲，政府储备物资使用环节的管理可以说是最为重要的一个环节，其对政府储备物资的目的是否能最终实现发挥着至关重要的作用。

做好政府储备物资的使用管理，首先，需要明确使用权的归属，即明确谁有资格使用政府储备物资，一般来说，对一级政府而言，政府储备物资使用权归属应集中，否则"五龙治水"局面的出现必然导致政府储备物资使用管理的混乱。

其次，需要在不同级次政府间划分政府储备物资使用的管理权限，在中央政府和地方政府都有物资储备的条件下，一旦风险事件发生，到底应该动用中央储备物资还是应该动用地方政府储备物资，抑或是二者按一定比例分担，必须明确行为依据和判定标准。否则，作为理性的经济人，中央政府和地方政府都会倾向于动用对方的储备物资，这会影响政府储备物资的正常使用。一般来说，一是应根据风险事件波及的范围来划分政府储备物资使用管理权限，如果风险事件波及范围较小，完全局限在地方政府辖区，原则上应动用地方政府的储备物资；如果风险事件波及范围较大，超出了地方政府辖区，原则上应由中央政府和地方政府共同分担储备物资的提供责任，超出地方政府辖区范围越明显，中央政府分担比例应越大，反之，越小。二是根据风险事件的严重程度来划分政府储备物资管理权限，如果风险事件导致的后果极其严重，则虽然其波及范围没超出地方政府辖区，但危害程度超出了地方政府自身承受能力，则中央政府也需要动用自己的储备物资给予地方政府提供一定程度的帮助。

再次，需要确定储备物资使用规模。政府储备物资由政府财政拨款形成，风险事件发生时往往由政府免费提供，因此极易导致超额需求。储备物资管理机构根据超额需求来确定储备物资使用规模，虽然可以有效防范和化解突发事件所蕴含的风险，但容易导致储备物资使用中的浪费。因此，在实践中，在政府储备物资供给有保证的条件下，其使用规模的确定需相对更多地考虑如何去防止储备物资使用规模过大而导致的浪费，政府储备物资管理机构需要通过合适方式和途径来搜集整理储备物资需求信息，剔除不必要的水分，以尽可能做到储备物资的节约使用。

最后，需要确定政府储备物资的使用对象，即确定谁有资格分配到政府储备物资，一般来说基层社区组织在这方面具有信息优势，政府储备物资管理机构需要加强与基层社区组织的协调配合，才能做好储备物资的发放工作。需要做好储备物资的发放领用登记工作，避免重复领用及发放不到位所导致的分配不均问题。

2.4　"如何管"：政府储备物资管理方式的理论分析

2.4.1　确定政府储备物资管理模式

政府物资储备管理模式是体现和反映管理基本思路、方法、手段、程序的总体状态和基本格局。相对管理方法、手段、程序，管理模式是更高层次的概念。管理模式的选择决定了管理方法、手段和程序的选择，对管理工作开展得好坏有至关重要的影响。很多情况下，管理工作没做好，并不是因为管理方法、手段、程序出了问题，而是因为管理模式选择有待改进。政府储备物资管理也不例外。确定合适的政府储备物资管理模式，对做好政府储备物资管理工作有着基础性影响。政府储备物资管理模式可以从多个角度进行考察。

一是按照各管理主体之间的相互关系，可分为统一管理模式、分散管理模式、统一与分散相结合模式。所谓统一管理模式是指一级政府设立统一的政府储备物资管理机构，由其负责全部的政府储备物资管理事务，在其内部按照储备物资种类不同分别设置专门管理机构以及按照政府储备物资管理涉及的各个环节设立业务部门。所谓分散管理模式是指一级政府并不设立统一的政府储备物资管理机构，而是将政府的物资储备管理职能分散于政府的各个职能部门，由政府的各个职能部门在提供特定种类公共产品和服务的同时也履行物资储备职责，比如由卫生部门担负卫生防疫类物资储备职能；农业部门担负化肥、农药、种子储备职能；水利部门担负防洪抗旱物资储备职能等。所谓统一与分散相结合模式是指一级政府设立统一的政府物资储备管理部门，由其负责部分政府储备物资的管理事务，还有部分政府储备物资的管理事务分散于政府其他职能部门的管理模式。这三种模式各有得失：作为统一管理模式，其优点是管理主体统一，便于政府储备物资管理做到统筹规划、统一安排，有效避免各自为政、"五龙治水"、一盘散沙局面的出现，但缺点是政府储备物资管理权限较为集中，难以对不同种类、不同性质的储备物资进行专业化管理，不利于充分调动政府各个职能部门在物资储备方面的积极性、主动性；作为分散管理模式，其优点是充分调动了政府各个职能部门的积极性、主动性，便于发挥其专业化管理的比较优势，对不同种类、不同性质的储备物资进行专业化管理①，但缺点是政府储备物资管理权限较为分散，容易出现各自为政、五龙治水局面，不利于对政府储备物资管理统筹规划、统一安排；作为统一与分散相结合的模

---

① 一般来说，特定的政府职能部门代表政府面向社会提供特定种类的公共产品和服务，若某类储备物资的管理与其所负责提供的特定种类的公共产品和服务直接相关，那么由其负责该类储备物资的管理应有助于发挥其比较优势，提高政府储备物资管理效益。

式，其优点是尽可能把统一管理模式与分散管理模式的优点结合起来，可以说兼具上述两种模式的优点，但缺点是政府储备物资管理的机构设置、人员配置会规模庞大，容易导致管理成本加大。

二是按照不同级次政府储备物资管理在整个物资储备管理体系中的地位，可分为集权管理模式、分权管理模式以及集权与分权相结合管理模式三种。所谓集权管理模式是指政府储备物资管理权主要由中央政府掌握，整个国家的物资储备主要依靠中央政府，其储备的物资占全国储备物资的大部分，地方政府储备的物资所占比例很低，极端情况下地方政府甚至可以没有物资储备管理机构也几乎不储备物资。分权管理模式是指一个国家物资储备管理权主要由地方政府掌握，整个国家的物资储备主要依靠地方政府，其储备的物资占全国物资储备的大部分，中央政府储备的物资所占比例很低，极端情况下中央政府甚至可以没有物资储备管理机构也几乎不储备物资。集权与分权相结合模式是指一个国家物资储备管理权由中央与地方政府共同掌握，按一定方式、方法在中央与地方之间划分管理权限，中央政府和地方政府都设有专门的政府储备物资管理机构，二者储备的物资在物资储备总量中都占一定比例。三种模式中，集权模式和分权模式是两种极端情况，绝对集权模式和绝对分权模式主要具有理论分析意义，在实践中难以找到现实例子。绝对集权模式把中央政府在物资储备方面的作用发挥到极致，但完全否定了地方政府的作用；绝对分权模式把地方政府在物资储备方面的作用发挥到极致，但完全否定了中央政府的作用。因此，两种模式从理论上讲都难以取得理想效果，所以现实中的模式有偏于集权的模式、偏于分权的模式以及集权与分权相结合的模式。集权与分权相结合的模式旨在调动中央政府和地方政府在物资储备方面的两个积极性，在集权与分权之间实现恰当的均衡。

三是按照物资是否由政府直接储备，可分为政府直接储备模式、委托企业代储模式以及直接储备和委托企业代储相结合模式。政府直接储备模式是指政府直接从事物资储备工作、承担物资储备任务、实现物资储备目标。政府直接储备不能等同于实物储备，其也可以采用合同储备和生产能力储备等具体实现形式；委托企业储备模式是指政府把物资储备工作委托给企业来做，由企业来承担物资储备任务、实现物资储备目标。除政府直接储备模式和委托企业代储模式外，还有政府直接储备和

49

委托企业代储相结合的模式，在该模式下，通常根据储备物资的具体性质，政府选择一些储备物资自己直接储备，其余的则委托企业代储，一般来说，政府直接储备的通常都是相对重要，对防范和化解风险起主导作用的物资。三种模式各有得失：政府直接储备模式的优点是将物资储备作为政府职能实现的一项重要内容，便于政府掌控储备物资运作状况，省去了委托代理成本；缺点是增加了政府工作量，可能会影响政府对其他公共产品供给的注意力，受政府和公有产权自身性质的制约，还可能导致政府储备物资管理效率低下。委托企业储备模式的优点是便于政府从烦琐、具体的物资储备事务中解脱出来，集中精力做好其他公共产品和服务的供给，便于政府利用市场机制的作用提高物资储备管理效率，缺点是政府与企业形成委托代理关系，政府要对代储企业进行监督，承担一定的委托代理成本。政府直接储备和企业代储相结合模式的优点是一方面可使政府直接掌握重要储备物资的运作状况，做到有备无患，另一方面充分利用市场机制力量提高物资储备效率。但缺点是使政府储备物资管理工作相对烦琐，一方面需要直接管理自身的物资储备事务，另一方面还需要对企业的代储行为进行监督，这可能会加大管理成本。

四是按照政府储备物资所采用的形式，可分为实物储备模式、合同储备模式和生产能力储备模式三种。其中实物储备模式是使用最多的方式。实物储备可以在突发事件发生时，及时满足需求，尽可能减小对市场的影响和冲击，有助于维护社会稳定，但是实物储备模式需要付出较为高昂的储存成本，需要对规模庞大、种类较多的储备物资进行专门的存储管理，需要成立专门的管理机构、配备人员、设置仓库，进行烦琐的仓储实物管理，付出的储存成本很高，且多数储备物资都有使用有效期限制，到期之前必须进行储备物资调换，卖旧买新，这又会付出较高的交易成本。合同储备模式是指政府储备管理机构和私人供货商签订合同，在风险事件发生时，由私人供货商根据合同要求提供相应物资。这实际是借助私人资本力量完成物资储备。私人资本要追求利润最大化，与政府签订合同保证在特定条件下提供相应物资，实际是受政府委托储备物资，显然这需要政府来弥补私人资本储备物资的成本，并能让私人资本获取合适利润，相对政府实物储备物资需要额外付出代价（超过物资储备成本以上的部分），但政府由此也会得到额外好处，避开了实物储备烦琐的日常管理，但存在风险事件发生时，私人资本无力履行合同的风险，这时候政府防范和化解突发事件蕴含风险就丧失了回旋余地。合同储备的本质仍然是实物储备，只不过这种实物储备由私人资本接受政府委托代为储备，实物储存的成本仍然存在，只不过在实物储备条件下，成本是由政府直接承担，在合同储备的条件下，先由私人资本承担，最终再以政府向私人资本支付费用的方式由政府间接承担。生产能力储备模式与实物储备和合同储备模式都不相同，这种储备方式不涉及实物，只是在满足正常需求的生产能力之外，再额外增加一定的生产能力，通过这种满足正常需求并不需要其发挥作用的生产能力，在突发事件发生时予以启用，从而生产出相应物资来满足风险事件发生所形成的临时性超额需求。显然，生产能力储备并不涉及实物，从而可以避免实物储备、合同储备都需要付出的储存成本，但是这种储备方式存在的局限也很明显：其一，从启动生产到形成特定规模的物资供给能力有时间差，在风险事件发生时不一定能及时满足对储备物资的需求；其二，在正常情况下会存在生产能力闲置，政府显然要承担这部分生产能力闲置所带来的经济损失，否则作为追求利润最大化的私人部门的企业会拒绝承担生产能力储备任务。三种物资储备模式各有利弊得失，单纯采用一种储备模式是不合适的，理想的做法是具体问题具体分析，根据特定的约束条件实现三种储备方式的合理搭配，取长补短、相互协调、相互配合，共同完成政府物资储备任务、实现物资储备目标。

2.4.2　选择政府储备物资管理手段

任何管理主体从事任何管理活动要实现特定管理目标都离不开特定的管理手段。不同的管理手段在实现管理目标方面各有比较优势，但同时也有比较劣势。选择管理手段应根据具体的管理目标选择合适的管理手段，实现各种管理手段搭配组合、相互协调、相互配合、取长补短，以此保证管理目标顺利实现。

2.4.2.1　储备物资预算管理手段

预算是政府具有法律效力的财政收支计划，同时也是政府管理财政收支的重要手段。预算的完整性原则要求政府预算必须反映政府活动的方方面面。政府储备物资管理是政府职能实现的重要内容，政府储备物资的购置、运输、储存、调配及管理必然涉及财政资金的分配和使用，自然需要使用预算管理手段。

其必要性体现以下几个方面：第一，保证政府储备物资管理活动顺利进行。政府储备物资管理需要设置机构、配备人员，相应需要安排公用经费、人员经费，通过编制经常性支出预算，保证政府储备物资管理机构得到正常的经费支持，可以顺利实现其职能。第二，保证及时购置、轮换储备物资，优化储备物资的规模和结构。政府储备物资服务于公共产品的提供和公共需要的满足，通常无偿提供或以成本价提供，因此一般难以通过市场渠道筹资，只能纳入政府预算，通过财政渠道或借助财政支持通过信贷渠道获取储备物资购置的资金来源。政府储备物资预算的编制要经历"两上两下"的预算程序，由项目预算汇总成单位预算，由单位预算汇总成部门预算，再由部门预算最终汇总成本级预算，然后提交权力机关审批，经过层层审核把关，有助于保证政府储备物资购置总的支出规模能满足防范和化解突发事件蕴含风险的要求，从而有助于优化政府储备物资的规模；有助于根据防范和化解风险的不同性质来合理确定储备物资购置支出的资金使用方向，保证政府储备物资购置支出的安排能充分考虑防范和化解风险的重点，从而有助于优化政府储备物资的结构。第三，保证辖区民众及民众选出的代表所组成的权力机关及时监督储备物资的管理及运作状况。政府储备物资预算作为一项财政收支计划，不仅是政府储备物资管理的重要手段，同时也是权力机关监督政府储备物资管理及运作状况的重要工具。政府储备物资归根结底要防范和化解突发事件所蕴含的公共风险，满足公共需要，实现公共利益，因此其管理及运作状况的好坏最终要由其所用于提供的公共产品的消费主体来做出判断，而作为消费主体的辖区民众若要能做出准确判断，首先需要掌握相关信息。依据政府储备物资预算的编制、执行的有关信息，民众及权力机关可以有效履行对政府储备物资运作状况的监督权，保证政府储备物资的运作过程能充分满足公共需要，实现公共利益最大化。

政府储备物资的预算管理手段运用需要选择确定预算支出指标确定的方法。一般来说，确定预算支出指标有两个基本方法：一是基数法；二是零基预算法。所谓基数法，简而言之就是以上年度的预算支出指标为基础，结合当年的实际情况来确定支出指标。该思路的长处是充分考虑了储备物资管理过程的连续性，便于保持政府储备物资管理的稳定性，使政府储备物资管理简便易行，但其局限是容易把以前年度影响支出指标的不合理因素保留下来。除此之外，用基数法确定储备物资预算支出指标还存在一个明显的局限，因为从整体上讲，政府储备物资预算支出包括两大部分：一是消费性支出，这主要体现为政府储备物资管理机构的人员经费和公用经费；二是投资性支出，这主要体现为政府储备物资购置支出，这会形成特定形式的政府储备资产。对消费性支出来说，当年就消耗掉了，采用基数法，用上年支出指标为基础来确定当年的支出指标，在很大程度上是合理的，因为机构和人员数在年度之间一般会保持相对稳定，变化不大；对投资性支出来说，由于其形成了资产，可以在多个年度长期存在，按上年的支出基数确定预算支出指标就不合适，如果说需要考虑基数，也应是储备物资存量这一基数，也就是说，合理确定储备物资预算投资性支出指标需要掌握储备物资存量状况，这就涉及政府资产管理与预算管理相结合的问题。所谓零基预算法，就是不考虑上一年的支出指标，而是直接分析影响支出的因素，进而量化加总求和，该思路的长处是可以克服以前年度影响支出指标的不合理因素，但是工作量大，不便操作。对于政府储备物资管理的经常性支出指标的确定，采用零基预算法并不合适，会加大工作量，对于政府储备物资购置支出指标的确定，单纯运用该方法可以不考虑上一年度的支出指标，但需要考虑储备物资存量，否则单纯依靠零基预算法也难以确定储备物资购置支出指标。考虑储备物资存量就涉及储备物资的补充和调换，这体现了政府储备物资管理相对一般意义上的政府资产管理所具有的特殊性，一般意义上的政府资产在报废之前一般不需要补充，也通常不涉及轮换，而政府储备物资则不同，一旦风险事件发生，储备物资被使用后需要及时补充，即便通常情况下其并不被使用，只是作为风险防控手段而存在，但其一般都有一定的保质期，储存时间超出保质期会导致储备物资浪费，因此需要安排支出，通过以新换旧予以调换。显然，确定储备物资的补充及调换支出指标所采用的不是传统的基数预算法，其并不需要考虑上年度的支出指标，也不是完全的零基预算法，根据影响支出指标的因素量化加总求和，而是把根据零基预算法计算确定的储备物资量与储备物资存量加以比较，并根据储备物资的存储时间长短（和保质期比较）来确定支出指标，实际可视作基数预算法与零基预算法的结合。

确定政府储备物资预算支出指标的思路后，需要选择合适的确定预算支出指标的方法。比如定额法、比例法等都是储备物资支出指标核定常用的方法。大部分储备物资都可以结合市场价格确定支出定额，定额乘以需要储备的物资数量，即可核定所需安排的支出指标。储备物资的仓储管理费用与仓储物资规模成正比，根据核定的仓储费用占储备物资总价值的比例，结合仓储物资规模即可核定仓储物资管理费用。

2.4.2.2　储备物资绩效管理手段

市场经济是效率经济，市场经济条件下的政府储备物资管理需要强调绩效，其必要性体现在：第一，政府储备物资的有限性、稀缺性要求加强绩效管理。所有的经济活动和管理活动都受资源稀缺性与需求无限性矛盾的制约。就政府储备物资的管理而言，在防范和化解突发事件蕴含风险一定的条件下，尽可能降低政府储备物资消耗量，可以节省财政资金用于提供其他的公共产品和服务，进而实现社会福利水平增进。第二，政府储备物资的无偿或成本价使用性质要求加强绩效管理。政府储备物资若无偿使用意味着价格为零，而价格为零的产品和服务的需求会达到最大值，即需求者消费该产品和服务时的边际效用为零，此时政府储备物资资源配置的边际成本会远大于边际收益，即便政府储备物资以成本价使用，也会加大需求并由此而导致效率损失。因此，政府储备物资自身所具有的无偿使用或成本价使用性质决定了其无法通过价格水平的确定和调整来优化资源配置，这就出现市场失效，也意味着需要通过政府调节来强化绩效管理以优化资源配置。第三，构建全方位、全过程、全覆盖绩效管理体系要求加强政府储备物资绩效管理。所谓全方位的绩效管理是指从中央到地方各级政府、每一级政府的各个部门、每一部门的各个单位都需要加强绩效管理，政府储备物资管理归口政府应急管理部门，自然也需要强化绩效管理；所谓全过程是指财政支出的安排需要从目标确定、预算编制、执行、决算的各个环节都需要实施绩效管理，政府储备物资防范和化解突发事件风险是政府财政资金使用的一个重要方面，因此也需要在物资购置、储存、使用、回收等各个环节强化绩效管理；所谓全覆盖是指政府预算所涵盖的方方面面都需要实施绩效管理，结合我国复式预算的编制，绩效管理要涵盖一般公共预算、国有资本经营预算、社会保险基金预算、政府基金预算这四大组成部分。政府储备物资预算作为一般公共预算的组成部分自然也需要强化绩效管理。

政府储备物资绩效管理与一般意义上的政府资产管理相比具有明显的特殊性。在政府资产体系中，生产经营性资产主要分布于不同级次的国有企业，提供的产品和服务可以通过市场渠道出售，因而可以利用市场价格来核算成本和效益，便于构建系列评价指标体系，所以对生产经营性资产的绩效考核和管理相对容易实施，从评价及考核方式角度看其与私营企业及私有资产的绩效考核并无本质区别。政府资产中的非生产经营性资产主要体现为行政事业性资产，总体上讲，其服务于公共产品的提供和公共需要的满足，公共产品自身固有的性质决定了非生产经营性的行政事业性资产绩效考核相对生产经营性资产的绩效考核难度要大得多，客观上难以通过市场价格来量化成本和效益，用来考核生产经营性资产绩效水平的指标体系失去作用，需要针对行政事业性资产的具体属性设立专门的评价指标体系。而在非生产经营性的政府资产中，政府储备物资的性质更为特殊。虽然总体上讲，其与一般的行政事业性资产一样是服务于公共产品的提供和公共需要的满足，追求的是公共利益最大化，但其提供的公共产品和服务的具体性质与一般的行政事业性资产所提供的公共产品和服务的具体性质差别明显。政府储备物资大部分时间处于储存状态，只有突发事件发生需要化解风险时才会使用，由于风险的不确定性，所以储备物资使用的时间、数量包括使用方式都带有一定程度的不确定性，而一般的行政事业资产通常会处于稳定的使用状态，持续稳定地服务于公共产品和服务的供给，这意味着量化政府储备物资和一般行政事业资产的使用绩效需采用不同的评价指标体系。

政府储备物资绩效管理手段的运用首先需要建立合适的评估指标体系，从大的方面来说，应建立政府储备物资管理绩效评估和经济绩效评估两套指标体系。评估政府储备物资管理绩效可分为从整体角度考察的管理绩效和从各个组成部分考察的管理绩效两部分。整体管理绩效可用管理机构人员经费加公用经费之和与储备物资价格总额比较，从组成部分考察的管理绩效，可以用购置、储存、使用、轮换、回收、处置等几个环节分别设置评价指标。政府储备物资的经济绩效评估可以从宏观层次的规模绩效、中观层次的结构绩效和微观层次的效益绩效三个层面展开：一是需要评估政府储备物资的规模效率，反映政府储备物资总量满足防范和化解突发事件蕴含风险的有效程度；二是需要评估政府储备物资的结构效率，反映政府储备物资的结构与防范和化解突发事件蕴含风险对储备物资需求结构的吻合程度；三是需要评估政府储备物资的效益，反映在购置、储存、轮换、运输、使用、回收、处置等环节投入与产出的对比关系，考察少花钱、多办事、事办好到底在多大程度上得以实现。

政府储备物资涉及多个种类，不同种类的储备物资的管理在具有共性的同时，也具有一定的个性特征，因此政府储备物资绩效评价指标体系的设计应考虑储备物资种类不同对绩效评估的影响，在设计共性评价指标体系的同时，还应针对不同种类的储备物资设计个性化评估指标体系。

政府储备物资绩效管理手段的运用还涉及不同级次的政府，不同级次政府的储备物资绩效管理在遵循共性规律的同时，也会呈现不同特点。因此，在由中央负责组织设计面向全国的一般性评价指标体系的同时，应鼓励地方政府设计适合自身特点、满足当地储备物资管理个性化需求的具有地方特色的评估指标体系。

2.4.2.3 储备物资会计管理手段

会计是以货币为计量单位，反映和监督一个单位运行过程的经济管理活动。在商品货币经济条件下，财政收支分配一般都采用价值形式，以货币作为计量单位，政府储备物资的管理必然涉及财政资金的分配和使用，因此其必然涉及预算会计手段的运用，会计核算水平对政府储备物资管理水平有至关重要的影响。具体来说，政府储备物资管理需强化会计手段运用的必然性体现在以下方面：第一，实施政府储备物资绩效管理的基础条件。实施政府储备物资绩效管理需要设计评估指标体系，而且由于评估的具体对象和评估目的不同，设计的评估指标体系会有很大差别，但所有的评估指标归根结底都要涉及投入与产出的对比关系，离开了基本的会计核算，政府储备物资管理的成本与效益无法量化，也就难以计算出评价指标，这会使设计出的评价指标体系形同虚设、无法运用。第二，不同种类的政府储备物资相互之间进行比较和加总的需要。不同种类的储备物资的具体性质及实物形态差别巨大，不以货币为计量单位予以量化无法加总，因而也就不能准确反映政府储备物资的规模、结构以及微观层次的效益水平。第三，准确反映政府储备物资储存及使用状况的需要。政府储备物资规模庞大、种类较多，通过会计核算可以准确反映储备物资的储存及使用情况，从而为加强政府储备物资管理提供基础条件。

政府储备物资作为特定形态的政府资产，其与一般意义上的政府资产的会计核算在具有相同点的同时也具有个性特征，在政府会计中一般将其作为其他资产进行核算。

政府储备物资会计管理手段的运用涉及三个方面：一是政府储备物资的确认。政府储备物资同时满足下列条件需要予以确认：与该政府储备物资相关的服务潜力很可能实现或者经济利益很可能流入政府会计主体；该政府储备物资的成本或者价值能够可靠地计量。对政府储备物资不负有行政管理责任的承储单位，应当将受托代储的政府储备物资作为受托代理资产核算。二是政府储备物资的计量。政府储备物资在购进环节，应当按照购进成本进行初始计量，政府储备物资的购进初始成本包括购买价款以及由会计主体所承担的税费、运输费、保险费、装卸费以及使政府储备物资达到目前场所和状态而发生的归属于政府储备物资成本的其他支出。委托加工的政府储备物资，其成本包括委托加工前物料成本、委托加工费、按规定应计入委托加工政府储备物资成本的相关税费以及政府会计主体承担的使政府储备物资达到目前场所和状态所发生的归属于政府储备物资成本的其他支出。仓储费用、日常维护费用以及不能归属于使政府储备物资达到目前场所和状态所发生的其他支出不能计入政府储备物资成本。政府储备物资发出的成本应根据实际情况，具体问题具体分析，采用先进先出、加权平均或个别计价法确定。计价方法一旦确定，不得随意变更。三是政府储备物资的核算。物资储备单位应设置"政府储备物资"科目，核算单位管理的政府储备物资的成本。不负有行政管理责任但接受委托具体负责物资存储保管责任的单位，应设置"受托代理资产"科目进行核算。在"政府储备资产科目"或"受托代理资产"科目下，应按照储备物资的种类、具体品种、存放地点进行明细核算。为反映储备物资库存及使用情况，可设置"在库"和"发出"科目进行明细核算。"政府储备物资"和"受托代理资产"

科目借方反映当期政府储备物资的增加，贷方反映当期政府储备物资的减少，期末借方余额反映在库储备物资的成本。

2.4.2.4 储备物资的奖惩管理手段

政府储备物资的管理离不开特定的管理机构和管理人员，而这些管理机构和人员都是经济人，都会在特定条件下追求自身利益最大化。在政府储备物资实施绩效管理的基础上，依据绩效评估结果奖优罚劣、奖勤罚懒是提高管理机构和管理人员积极性、主动性的重要手段。

政府储备物资管理采用奖励及惩戒手段的必要性体现在：第一，提高政府储备物资管理效率的必然要求。对任何一种管理活动而言，管理主体的积极性、主动性的发挥对管理活动的效率水平都有至关重要的影响，人是起决定作用的因素。政府储备物资的管理也不例外。如果作为政府储备物资管理主体的机构和人员，面临的是"管好管坏一个样、管与不管一个样"的约束条件，其必然没有积极性把政府储备物资管好、用好。只有管得好有奖励，管得差有处罚，做到奖惩分明，才有助于通过调动管理机构和人员的积极性、主动性来提高管理效率。第二，维护国家资产所有者权益、防止资产流失的必然要求。政府储备物资通过使用财政资金购置，无偿或以成本价使用，如果不充分运用奖惩手段，建章立制，政府储备物资的购置、储存、使用、轮换、回收等环节难免会出现铺张浪费乃至以权谋私、损公肥私现象。这一方面损害国家所有者权益、导致资产流失，另一方面也降低财政资金使用效益，影响政府防范和化解风险目标的实现，损害社会公共利益。第三，体现公平原则的必然要求。公平原则要求"同等情况、同等对待；不同情况、不同对待"，前者称为横向公平；后者称为纵向公平。就政府储备物资管理机构来说，除中央政府储备物资管理机构唯一外，地方各级政府储备物资管理机构都涉及同一政府级次的不同管理主体之间的比较问题，根据绩效考核指标完成情况，对同一级次的不同管理主体奖优罚劣、奖勤罚懒，便于充分体现公平原则，调动各管理主体的积极性，对做好政府储备物资管理工作具有重要意义。对同一政府储备管理机构下属的管理人员也面临同样的情况。

政府储备物资运用奖惩手段需要建章立制，作为基本管理规则的组成部分，其应成为各级管理机构和管理人员都必须遵循的行为准则；奖惩标准需要细化，具有可操作性，达到什么条件和标准可以得到什么层次和内容的奖励或处罚需要予以明确，一视同仁；奖惩标准需保持高的透明度和公平性，保证所有管理机构和人员知晓，使其清楚地知道自己所面临的具体约束条件，以便其为实现自身利益最大化而做出理性选择，从而促使公共利益目标的实现；奖惩标准需要保持相对稳定，不可朝令夕改，这便于管理主体和管理人员形成稳定的预期，避免产生严重的机会主义行为。

2.4.3 完善政府储备物资管理依据

政府储备物资的管理涉及众多的行为主体，需要协调方方面面的利益关系，客观上需要完善储备物资的管理依据。具体体现在以下几个方面：第一，健全现代财政制度的需要。政府储备物资旨在防范和化解突发事件所蕴含的各种风险，服务于公共产品的生产提供和公共需要的满足，追求的是公共利益最大化，因此政府储备物资的管理自然属于财政管理范畴，政府储备物资的管理依据属于财政制度的重要组成部分。市场经济条件下，财政是国家治理的基础和重要支柱，发展市场经济必须健全、完善现代财政制度。因此，作为现代财政制度的重要组成部分的政府储备物资管理制度也需要健全、完善。第二，保障政府储备物资管理活动顺利进行的需要。政府储备物资的管理是复杂的系统工程，涉及完整的管理链条，包括资金筹集、物资购置、物资储存、物资调配、物资回收、物资处置等多个环节，其中一个环节出了问题，都可能牵一发而动全身，导致整个政府储备物资管理活动满盘皆输，为了保证政府储备物资管理活动顺利进行，就需要通过健全政府储备物资管理依据作为管理活动的行为准则，真正做到政府储备物资管理有法可依、有法必依。第三，协调不同级次管理主体利益分配关系的需要。在政府实行级次化管理的条件下，政府储备物资管理的决策主体和执行主体事实上也都实行级次化管理，不同级次的管理主体之间只有合理划分管理权限，才能做到各司其职、各负其责；同一政府级次的决策主体、执行主体之间的管理权限划分也需要清晰界定，只有通过健全的管理依据来约束各个管理主体的行为，明确各自掌握的权力和应履行的义务，才可以协调彼此之间的利益关系，在集权与分权之间实现稳定均衡，从而有利于政府储备物资管理活动正常开展。第四，协调民众与政府关系的需要。政府从本质上讲是民众为了解决自己解决不了或解决不好问题而创设出来的手段和制度安排。民众通过参与社会分工体系，谋取特定职业，可以获取收入来满足自己的生活需要，在遭遇风险侵袭的时候可以通过个人自我保障、家庭保障、单位保障和社区保障来防范和化解风险，同时政府也积极构建、完善社会保障制度来为社会成员提供帮助，共同防范和化解各种风险。相对保障作为个体社会成员生活需要的一般意义上的社会保障制度，政府储备物资制度则是侧重防范和化解作为群体的社会成员所面临的风险。因此，其满足公共需要、实现公共利益的性质体现得更为充分和明显。从这个意义上讲，政府储备物资管理制度应是广义的社会保障制度的重要组成部分。因此，客观上需要完善政府储备物资管理依据来理顺民众与政府的关系，明确构建、完善政府物资储备管理制度是政府应该履行的义务，否则就是政府的"缺位"，而要求政府建立、健全储备物资管理制度则是民众拥有的权利。总之，通过完善政府储备物资管理依据可以明确政府的义务和民众的权利，从而有助于做好政府储备物资管理工作。

作为政府储备物资管理依据表现形式的可以是政府主管部门下发的通知、规定，也可以是由政府颁布实施的条例，还可以是国家权力机关审查通过的法律。从管理依据的立法层次及规范性程度讲，由通知、规定到条例再上升到法律，立法层次及规范性程度越来越高，同时也意味着立法内容的科学性、合理性程度越来越高。在制度初创，还需要不断总结实践经验予以丰富完善的时期，贸然提高立法层次并不可取。一般来说，初始阶段采用政府主管部门下发的通知、决定等作为行为依据的实现形式是相对谨慎的做法。随着实践的深入，在不断总结经验、教训的基础上对制度内容予以修补、完善，待时机成熟时提高立法层次和规范程度，一方面有助于保证作为行为依据的制度安排相对稳定，另一方面也为制度的完善提供了足够的时间和空间。

政府储备物资管理依据是一个完整的制度体系。从规范的意义上讲，其应由不同层次、不同地位以及不同内容的制度构成。首先，应有政府储备物资管理的基本法，对政府储备物资管理的主体、客体、目标、模式、手段、依据、原则等做出规定，其在政府储备物资管理制度体系中的地位类似宪法在整个法律体系中的地位，也类似税收基本法在税收法律体系中的地位，其要对政府储备物资管理做出一般性、原则性的基础规定。其次，应针对政府储备物资管理的主要构成要素制订专门的法律、法规，比如针对政府储备物资管理主体及管理权限的划分制定政府储备物资管理体制法或条例；对政府储备物资管理的客体分门别类制定专门的法律、法规，等等；再次，应针对政府储备物资管理的专门法律、法规制定实施细则，使之具有可操作性；最后，应针对实施细则在具体执行过程中遇到的问题，颁布补充性规定，由此形成完备的政府储备物资管理制度体系。

第3章 政府储备物资管理的经验分析

3.1 我国政府储备物资管理的状况

3.1.1 谁来管：政府储备物资管理主体及管理权限的划分状况

2015年6月1日起施行的《国家物资储备管理规定》第六条明确规定：国家发展改革委负责国家物资储备工作。国家发展改革委国家物资储备局（以下简称储备局）及其所属储备物资管理局办事处具体履行国家物资储备管理和监督职责。财政部负责国家物资储备财政管理及相关行政事业单位国有资产管理，配合国家发展改革委开展国家物资储备有关工作。但是该规定由国家发展改革委和财政部联合制定并负责解释，并非由国务院制定颁布，所以在具体执行中，国家发展改革委并没有全面负责国家物资储备管理工作，而是事实上存在明显的多头管理。这从该规定所界定的国家储备物资的范围也不难看出，该规定第三条指出：本规定所称国家储备物资，是指由中央政府储备和掌握的，国家安全和发展战略所需的关键性矿产品、原材料、成品油以及具有特殊用途的其他物资。国家另有规定的除外。就目前国家四大类储备物资即粮食和重要农产品储备、石油煤炭等能源储备、应急物资储备、战略储备的实际管理格局考察，不仅整体上缺少统一的管理主体，而且就每大类储备物资的管理而言，也缺少统一的管理主体。

3.1.1.1　粮食和重要农产品储备管理主体及管理权限划分

就粮食和重要农产品储备而言，粮食储备由国家和地方粮食和物资储备管理局负责。《政府储备粮食仓储管理办法》第五条规定：国家粮食和物资储备行政管理部门制定政府储备仓储管理全国性政策和制度并组织实施，开展业务指导。各垂直管理局依据职能在管辖区域内开展相关工作。第六条规定：地方各级粮食和物资储备行政管理部门根据事权所属制定地方储备仓储管理政策和制度并组织实施，开展业务指导；对本行政区域内中央储备仓储管理工作给予支持和协助，加强政府储备仓储物流设施保护。中国储备粮管理集团有限公司负责全面落实中央储备仓储管理工作。从中可以看出，负责粮食储备管理的是国家和地方粮食和物资储备管理局，由中国储备粮管理集团有限公司具体承担仓储管理工作。

储备肉的管理主要由商务部负责。2007年9月15日起施行的《中央储备肉管理办法》第五条规定：商务部负责储备肉的行政管理，审定储备肉区域布局及代储企业、储存库、活畜储备基地场（统称承储单位）和加工企业的资质，对储备肉数量、质量和储存安全实施监督检查；负责储备肉财政补贴的预算编制和资金的申领。第六条规定：财政部负责储备肉财政财务管理，安排和管理储备肉财政补贴资金，会同财政部驻各地财政监察专员办事处（以下简称专员办）监督检查有关财务秩序和财政补贴资金使用情况等。第七条规定：中国农业发展银行负责按照国家有关信贷政策和储备肉计划安排储备肉贷款，对储备肉贷款实施信贷监管，确保资金安全。第八条规定：商务部委托的操作单位按照本办法的有关规定组织实施储备肉入储、加工、更新轮换及动用工作，负责储备肉日常管理和台账系统的建设、运行与维护，及时上报储备肉业务、财务报表和报告，并提出储备肉计划安排建议。第九条规定：商务部委托的质检单位按照国家有关规定和卫生质量安全标准组织实施储备肉公证检验和全程卫生质量安全监控工作，出具公证检验报告，并对检验结果负责，确保检验结果真实、准确。

储备糖的管理则是由国家发展改革委、国家粮食和物资储备局负责。2021年4月10日起施行的《中央储备糖管理办法》第四条规定：国家发展改革委负责中央储备糖市场调控管理，会同国家粮食和物资储备局、财政部研究提出中央储备糖规划、总量计划和年度调控意见，报国务院批准后协调落实。第五条规定：国家粮食和物资储备局负责中央储备糖行政管理，负责中央储备糖利息费用补贴的预算编制、申请及使用管理，对中央储备糖数量、质量、储存安全及计划执行情况实施监督检查。第六条规定：财政部负责中央储备糖财政财务管理，安排和管理中央储备糖财政补贴资金，组织指导财政部各地监管局开展财务秩序和财政资金监管，定期清算并根据需要开展绩效评估评价。第七条规定：中国农业发展银行负责按照国家有关信贷政策和中央储备糖计划，及时发放和收回中央储备糖贷款，对发放的中央储备糖贷款实施信贷监管，确保资金安全。第八条规定：国家发展改革委、国家粮食和物资储备局会同财政部指定储备运营机构。储备运营机构负责中央储备糖的日常管理，储备运营业务与商业经营实行人员、实物、财务、账务管理严格分开，严格执行国家有关部门行政指令，具体实施中央储备糖收储、销售、轮换、动用计划，按月报告计划落实情况、储备管理情况和有关统计报表，对中央储备糖数量、质量和储存安全负责。

3.1.1.2 应急物资储备管理主体及管理权限划分

就应急物资储备管理而言，2018年3月，党的十三届人大一次会议批准设立应急管理部，这是代表国家和政府对政府应急储备物资实施行政管理的决策机构，其主要职责包括：组织编制国家应急总体预案和规划，指导各地区各部门应对突发事件工作，推动应急预案体系建设和预案演练。建立灾情报告系统并统一发布灾情，统筹应急力量建设和物资储备并在救灾时统一调度，组织灾害救助体系建设，指导安全生产类、自然灾害类应急救援，承担国家应对特别重大灾害指挥部工作。指导火灾、水旱灾害、地质灾害等防治。负责安全生产综合监督管理和工矿商贸行业安全生产监督管理等。应急管理部要处理好防灾和救灾的关系，明确与相关部门和地方的职责分工，建立协调配合机制。

在应急管理部成立之前，政府救灾物资储备管理由民政部负责，其承担编制规划、制定标准以及物资收储的日常管理工作。应急管理部成立后，民政部的政府救灾物资储备管理职责转给应急管理部及国家粮食和物资储备局共同承担，前者是政府救灾物资储备行政管理的决策机构，后者是执行机构。二者的职责分工是：应急管理部负责提出中央救灾物资的储备需求和动用决策，组织编制储备规划、品种目录和标准，会同国家粮食和物资储备局等部门确定年度购置计划，根据需要下达动用指令。国家粮食和物资储备局根据中央救灾物资储备规划、品种目录和标准、年度购置计划，负责中央救灾和防汛抗旱物资的收储、轮换和日常管理，并根据应急管理部的动用指令按程序组织调出，由国家粮食和物资储备局的职能部门具体负责中央救灾物资的储备管理工作，并与财政部、应急管理部等单位对接储备管理制度的制定、修订、采购、日常管理及紧急调运工作。国家粮食和物资储备局在18个省（自治区、直辖市）设中央救灾物资储备库20座，其中，青海格尔木库、湖北武汉库、湖南长沙库、黑龙江哈尔滨库、西藏拉萨库、安徽合肥库、新疆乌鲁木齐库、辽宁沈阳库、天津库和重庆库为中央预算内投资建设，另外10座为省级代储库（其中北京库为社会租赁库）。中央救灾物资储备库由中央部门委托地方部门管理。

但就应急储备物资管理的实际情况看，应急管理部只是掌握了部分应急储备物资的管理权限，还有相当部分的应急储备物资管理权分散在各个部门。这体现在：

一是医药储备管理权由工业和信息化部掌握。《国家医药储备管理办法（2021年修订）》第七条规定：工业和信息化部会同国家发展改革委、财政部、国家卫生健康委、国家药监局建立国家医药储备管理工作机制，主要职能有：提出国家医药储备发展规划；拟订中央医药储备品种目录；确定中央医药储备计划和储备单位；协调解决国家医药储备工作中遇到的重大问题。第八条规定：工业和信息化部是国家医药储备主管部门，主要负责制订中央医药储备计划、选择储备单位、开展调用供应、管理国家医药储备资金、监督检查以及指导地方医药储备管理等工作。第九条规定：国家发展改革委负责参与制订中央医药储备计划和开展中央医药储备监督检查。第十条规定：财政部负责落实中央医药储备实物储备资金，审核拨付中央医药储备预算资金，参与制订中央医药储备计划和开展中央医药储备监督检查。第十一条规定：国家卫生健康委负责提出中央医药储备品种规模建议，并根据需要及时调整更新；负责对承担中央医药储备任务的卫生事业单位开展监督管理。第十二条规定：国家药监局负责组织地方药品监管部门对本行政区域内中央医药储备开展质量监督工作。

二是防汛抗旱储备物资管理权由国家防汛抗旱总指挥部和水利部掌握。2011 年 12 月 1 日起施行的《中央防汛抗旱物资储备管理办法》第二条规定：中央防汛抗旱物资（以下简称中央物资），是指中央财政安排资金，由水利部负责购置、储备和管理，用于支持遭受严重洪涝干旱灾害地区开展防汛抢险、抗旱减灾、救助受洪灾旱灾威胁群众应急需要的各类物资。第五条规定：中央物资储备定额由国家防汛抗旱总指挥部（以下简称国家防总）根据全国抗洪抢险、抗旱减灾的需要确定。储备定额的调整，由水利部商财政部后报国家防总批准。第七条规定：中央物资属国家专项储备物资，必须"专物专用"，未经国家防总批准，任何单位和个人不得动用。第八条规定：物资储备由水利部或已授权的代储单位与仓库签订代储合同。第九条规定：水利部负责储备管理，其职责包括：制定储备管理制度，对代储单位和仓库进行业务指导，监督各项管理制度的贯彻执行；定期检查中央物资的保管养护情况；监督仓库按规定管理、使用储备管理费，定期检查储备管理费的使用情况；负责中央物资的调用管理；负责调出的中央物资按期归还和补充；负责向财政部报送中央物资储备、调用、补充和更新计划及经费使用情况。第十条规定：代储单位负责协助水利部做好储备管理工作，其职责包括：负责中央物资入库验收工作；负责对仓库的工作进行指导、检查、监督；负责组织协调紧急调运中央物资工作；根据授权和仓库签订代储合同。第十一条规定：仓库负责储备日常管理，其职责包括：定期向水利部和代储单位报送中央物资储备管理情况；严格执行调度命令，负责中央物资的紧急调运工作；按照中央物资不同的特性和储备要求，加强仓库现代化建设，不断提高中央物资储备管理水平；参加中央物资的入库验收，负责清点、检查中央物资的接收入库；每年年底，向水利部和代储单位报告中央物资调用和库存情况。

三是种子储备物资管理权由农业农村部掌握。根据承储单位性质及储备补助经费管理办法的不同，我国救灾备荒种子储备管理体制先后经历了三个发展阶段：第一个阶段是 1989~2000 年的国企统一供种阶段。1989 年国务院批准建立种子储备制度后，每年由各国有种子公司储备种子 5000 万公斤，中央财政给予贷款贴息补贴。受传统体制的影响，国家种子储备与正常商业供种混杂，承担了很多非"救灾备荒"用途的供种，储备调用率较高，年均为 45%。第二个阶段是 2000~2014 年的市场化阶段。2000 年种子法颁布实施后，种子领域的市场化改革开始起步，激发的市场活力推动了种业发展，种子供应较为充足，储备种子回归"救灾备荒"用途，调用率逐渐下降到年均 8.34%。第三个阶段是 2015 年至今的政府购买服务阶段，2015 年农业部印发《国家救灾备荒种子储备补助经费管理办法》将贴息贷款改为综合补贴、包干使用，政府种子储备任务以政府购买服务方式落实（2020 年 3 月财政部颁布实施《政府购买服务管理办法》），种子储备与企业生产经营相结合，提高了企业承储积极性，种子储备管理趋于规范，但因市场商品种子供应充足，储备种子调用率有所下降，年均调用率为 5.7%。按照《国家救灾备荒种子储备补助经费管理办法》第六~第八条的规定，当前我国中央种子储备的管理运作涉及三大主体，其中农业农村部为决策主体，各省级农业主管部门为执行主体，省级农业部门选择、确定的种子企业为承储单位，具体开展种子存储工作。三者的职责管理权限划分为：农业部每年 1 月上旬下达翌年国家救灾备荒种子储备计划，明确各承储省份储备的作物种类类型、数量及补助标准。各省级农业主管部门根据农业部下达的储备计划，公开、择优确定种子储备的作物品种及承储单位并于 2 月上旬报农业部审核。农业部审核后，于 3 月上旬下达国家救灾备荒种子储备任务，并与相关省级农业主管部门签订一级储备合同。相关省级农业主管部门根据下达的种子储备任务，于 3 月中旬前与承储单位签订二级承储合同。农业部 4 月上旬公开发布翌年国家救灾备荒种子储备相关信息，包括储备作物品种、承储单位、承储数量、承储地点等。承储单位根据下达的种子储备任务和签订的承储合同安排种子生产，做好种子收储、加工和保管等工作，并专账记载。承储单位不得擅自改变储备作物种类、品种和数量，确需进行调整的，必须报农业部批准。2016 年 1 月 1 日起施行的《中华人民共和国种子法》第六条规定："省级以上人民政府建立种子储备制度，主要用于发生灾害时的生产需要及余缺调剂，保障农业和林业生产安全"。自此，种子储备制度开始分为国家和省两级。国家救灾备荒种子储备，以备荒为主，兼具救灾功能，为中央事权；省级种子储备以救灾为主，兼具备荒功能，为省级地方政府事权。

　　四是化肥储备物资管理权主要由国家发展改革委、财政部掌握。国家发改委和财政部联合出台的《国家化肥商业储备管理办法》对化肥储备管理有关主体及其权责划分做出了明确规定。国家发改委和财政部的权责包括：（1）国家发展改革委、财政部统筹管理国家化肥商业储备，财政部相关监管局负责对企业承储情况、财政补助资金拨付情况等进行审核。（2）国家发展改革委会同财政部确定国家化肥商业储备总规模。（3）国家发展改革委、财政部商农业农村部、供销合作总社，根据全国化肥市场形势和调控需要，综合考虑各地农业用肥量、化肥生产运输能力等情况研究确定春耕肥储备的省（区、市）空间布局。（4）国家发展改革委、财政部委托招标代理机构，按照公开、公平、公正原则，依法通过公开招标、邀请招标等方式确定国家化肥商业储备承储企业。国家发展改革委、财政部根据中标结果下达储备任务，明确中标企业名称、储备品种、数量等内容，文件抄送工业和信息化部、农业农村部、全国供销合作总社、农业发展银行、国铁集团、财政部相关监管局。其中春耕肥储备任务下达给相关省（区、市）发展改革委、财政厅（局），相关省（区、市）发展改革委、财政厅（局）及时通知中标企业。钾肥、救灾肥储备任务直接下达给中标企业。（5）财政部根据实际承储时间拨付承储企业补助资金。中央企业补助资金由财政部直接拨付，地方企业补助资金由中央财政通过地方财政转拨。（6）年度储备时间内，如遇宏观调控需要或出现重大自然灾害等特殊情况，国家可指定相关企业对储备化肥行使优先购买权；相关省（区、市）发展改革委会同农业农村部门根据洪涝、台风等灾害对本地区农业生产的影响，向国家发展改革委上报动用申请时，国家发展改革委及时向承储企业下达救灾肥投放通知，并可根据地方救灾需要投放部分钾肥储备。省（区、市）发改委和财政厅职责包括：（1）将国家发改委、财政部下达的春耕肥储备任务及时通知中标企业并负责本区域内春耕肥的事中、事后监督。（2）省（区、市）发展改革委会同农业农村部门根据洪涝、台风等灾害对本地区农业生产的影响，向国家发展改革委上报动用救灾肥申请。（3）省（区、市）财政厅（局）收到春耕肥承储企业相关材料后，于30个工作日内将汇总的补助资金申请以正式文件上报财政部，并在收到中央财政拨付的补助资金后，在30日内转拨至承储企业，不得拖延滞留或转移贴息资金，并接受财政部当地监管局的监督。承储企业权责包括：（1）中标企业在承储责任期（钾肥、救灾肥为4年，春耕肥为2年，下同）内承担储备任务，到期后国家就下一期承储企业重新组织招标确定。（2）国家化肥商业储备承储企业应当将储备库存与其他政策性储备、企业库存明确分区或分垛，并挂牌管理，承储仓库应当标注"国家化肥商业储备库（钾肥/救灾肥/春耕肥）"。钾肥、救灾肥在年度储备时间内投放后，要严格按照时间要求，及时补足库存，救灾肥投放时应当标明"国家商业储备救灾化肥"标识。（3）承储企业应保证货源充足，及时供应。（4）年度储备时间结束后30个工作日内，承储企业将申请补助资金所需的各类购进化肥票证或各类出入库单据、运输凭证等证明资料报有关单位申请补助资金，并对真实性负责。其中救灾肥、钾肥承储企业报财政部，抄送财政部北京监管局。春耕肥承储企业报所在省（区、市）财政厅（局），抄送财政部当地监管局。（5）确定化肥储备布局点，这区分两种情况：一是钾肥、救灾肥储备布局，由承储企业自主确定，其中钾肥储备重点布局交通便利地区或粮棉主产区，储备库点均需位于我国海关关境内；救灾肥储备根据洪涝、台风等自然灾害发生规律，重点布局灾害易发地区和重要粮食主产区。二是在由国家发展改革委、财政部商农业农村部、供销合作总社研究确定春耕肥省（区、市）空间布局的基础上，在中标区域内合理选择具体存储和销售网点。（6）钾肥承储企业自主确定轮换时机，30个工作日内补齐库存。（7）收到救灾肥投放通知后3日内完成调集工作并启运，尽快送达，随后15个工作日内补齐库存。

五是农药储备物资管理权由国家发展改革委、财政部、农业农村部、中华全国供销合作总社掌握。2020年6月10日，国家发展改革委、财政部、农业农村部、供销合作总社发布了《国家救灾农药储备管理办法（暂行）》，有效期至2023年7月10日。该办法明确了农药储备管理主体及权责划分。国家发改委、财政部权责包括：国家发展改革委、财政部会同农业农村部根据形势变化，确定国家救灾农药储备规模。财政部门按《预算法》等有关规定拨付国家救灾农药储备资金补助（按照1年期贷款市场报价利率标准对国家救灾农药储备给予资金补助），中央企业补助资金由财政部直接拨付，地方企业补助资金由中央财政通过地方财政转拨。农业农村部权责包括：农业农村部确定储备品种及形态，组织选定承储企业，下达储备计划及动用指令，负责事中事后监管、信息共享、政策宣传等工作。农业农村部牵头、供销合作总社配合，组织技术支持单位委托招标代理机构，按照公开、公平、公正原则，通过招标等方式确定承储企业。农业农村部根据中标结果下达储备任务，明确中标企业名称、储备品种、货值等事项，并抄送国家发展改革委、财政部、供销合作总社。农业农村部可根据农作物灾情预测和以往年度储备动用情况，对承储企业的年度储备品种、货值等进行适当调整。农业农村部根据病虫情和相关省级农业农村主管部门或其委托的植保机构发出的储备动用申请，直接向相关承储企业下达储备投放通知，并抄送国家发展改革委、财政部、供销合作总社。供销合作总社权责为配合农业农村部做好承储企业选定、事中事后监管、宣传引导等相关工作。省级农业农村主管部门权责包括：相关省级农业农村主管部门或其委托的植保机构在出现迁飞、流行性农作物病虫情预警，且级别达"偏重"及以上时，及时向农业农村部发出储备动用申请。相关省（区、市）财政厅（局）于年度储备期结束后 30 个工作日内将汇总的地方承储企业资金补助申请以正式文件上报财政部并在收到中央财政拨付的补助资金后，在 30 日内转拨至承储企业，不得拖延滞留或转移补助资金。相关银行权责是在坚持信贷政策、保障资金安全的前提下，根据承储企业风险承受能力发放贷款，承储企业按时还本付息。中标企业权责包括：中标的承储企业要严格落实年度储备任务；保证储备农药质量合格，储备设施、设备等符合要求；严格规范储备贷款使用，严禁挪作他用；建立规范的台账管理、出入库管理、验收和保管制度，保证账实相符、账表相符，定期对储备情况进行自查；监测相关农药价格行情，遇特殊情况及时上报，并对真实性负责；及时提供申请补助资金所需的各类出入库单据、运输票据及证明文件等资料，并对真实性负责。其中，中央企业资料提供给财政部及其北京监管局；地方企业资料提供给当地省（区、市）财政厅（局）、财政部当地监管局；储备农药用于满足国内防治农业病虫灾害需要，不得出口。如遇不可抗力等因素导致承储企业不能完成承储任务，承储企业应在突发情况发生 10 日内报农业农村部、供销合作总社，经农业农村部、供销合作总社同意后，中央财政根据实际承储期限给予资金补助。承储企业应当将国家救灾农药储备库存与商业库存进行明确划分并进行挂牌管理，储备农药救灾投放时需标明"国家救灾农药"标识。承储企业收到储备投放通知后，承储企业应在 5 个工作日内投放储备农药，投放时要在同类产品平均市场价基础上给予一定价格优惠，并在 7 日内向农业农村部、供销合作总社报备储备动用情况，30 日内补齐储备库存。年度储备结束后 20 个工作日内，中央企业向财政部申请补助资金，地方企业向所在省（区、市）财政厅（局）申请补助资金，并均对相关申请材料的真实性负责。

3.1.1.3 煤炭等能源储备物资管理主体及权限划分

煤炭等能源储备物资管理主要由国家发展改革委负责。《国家煤炭应急储备管理暂行办法》第四条规定：国家发展改革委、财政部会同交通运输、铁道、能源等部门负责国家煤炭应急储备的管理工作。国家发展改革委、财政部会同交通运输、铁道、能源等部门负责拟定国家煤炭应急储备规模，确定承储企业和储备点布局，下达收储计划和动用指令，指导企业现场管理，实施监督考核，定期向有关部门通报情况及信息；国家发展改革委负责审批下达新建、改扩建储备点建设项目中央投资补助，委托省级经济运行调节部门对辖区内国家煤炭应急储备实施监督检查。财政部负责审定安排国家煤炭应急储备的贷款贴息和管理费用补助，授权财政部驻地方财政监察专员办事处（以下简称"专员办"）对承储企业有关财务执行情况进行监督检查。交通运输部、铁道部根据国家发展改革委统一部署，负责国家应急储备煤炭的运输组织、协调，并对运输执行情况实施监督检查。

《国家石油储备条例》（征求意见稿）第六条规定：国务院能源主管部门负责国家石油储备监督管理。国务院发展改革部门会同财政部门、能源主管部门拟订国家石油储备发展规划以及收储、轮换计划和动用方案，对石油储备管理进行指导和协调。国务院财政部门负责政府储备的财政财务管理，安排和管理财政补贴资金，并对政府储备有关财务执行情况实施监督检查。

3.1.2 管什么：政府储备物资管理客体状况

3.1.2.1 储备物资管理种类视角的考察

我国政府储备物资主要包括 4 大类、21 小类，具体情况如下：

1. 应急物资储备

（1）救灾物资储备①。政府储备此类物资是为了提高救灾应急能力，保障受灾人员基本生活。为规范中央救灾物资储备、调拨及经费管理，依据《突发事件应对法》《防洪法》《自然灾害救助条例》出台了《中央救灾物资储备管理办法》《民政部等九部委关于加强自然灾害救助物资储备体系建设的指导意见》等管理依据。

（2）防汛抗旱储备物资。政府储备此类储备物资是为了保障抗洪抢险和抗旱减灾的需要，为规范中央防汛抗旱物资储备、调用和经费管理，依据《防汛条例》《抗旱条例》出台了《中央防汛抗旱物资储备管理办法》《中央防汛抗旱物资储备管理办法实施细则》等管理依据。

（3）国家救灾备荒种子储备②。政府储备此类物资是为保证在遭受

---

① 救灾物资储备，主要包括救灾帐篷、救灾被服和救灾装具三大类共18种物资，主要包括单帐篷（12平方米、20平方米、36平方米、60平方米四种规格）、棉帐篷（12平方米、20平方米、36平方米三种规格）、棉大衣、棉被、毛巾被、毛毯、折叠床、折叠桌凳、睡袋、简易厕所、场地照明灯、取暖炉、苫布等。截至2018年底，救灾类物资储备总量为85万件（套），加2019年上半年新采购物资1.48亿元，储备总量达到204.5万件，总价值10.08亿元。

表3-1　　　　　　　　政府救灾物资储备情况

年份	物资采购金额（亿元）	采购资金来源	采购件数（万件）	动用件数（万件）	储备物资件数（万件）
2017	1.40	财政资金	33.9	24.9	221.5
2018	1.07	财政资金	23.2	52.6	171.5
2019	1.14	财政资金	58.1	21	232.5

说明：2018年采购物资因于2019年1~2月份开始入库，相关物资计入2019年。

② 种子储备包括救灾种子和备荒种子两大类，前者主要储备适宜灾后补种、改种及满足人们日常生活需要的品种，主要是常规稻、马铃薯、大豆、杂粮杂豆、蔬菜等短生育期品种；备荒种子主要储备生产需求量大，且繁殖风险较大的品种及其亲本，主要是玉米、水稻、油菜等作物杂交品种和玉米、水稻亲本种子、马铃薯原种等。目前，国家每年安排财政资金5000万元，储备救灾备荒种子5000万公斤，其中，救灾种子1000万公斤，备荒种子4000万公斤（农村和农业部种业管理司提供）。2020年，农业农村部种业管理司落实当年中央财政预算资金5000万元和上年结转18万元（一家承储企业因股东个人征信问题导致公司无法开具发票，自愿放弃补贴资金），合计5018万元。落实国家救灾备荒种子储备任务5103.2万公斤，其中杂交水稻种子及其亲本1390.5万公斤，常规水稻种子483.25万公斤，杂交玉米种子2315.7万公斤，杂粮杂豆种子135.75万公斤，大豆种子275万公斤，马铃薯种薯330万公斤，油菜种子150万公斤，蔬菜种子3万公斤。

自然灾害侵袭时能满足农业生产对基本作物种子的需求，为加强国家救灾备荒种子储备补助经费管理，提高资金使用效率，依据《中华人民共和国种子法》出台了《国家救灾备荒种子储备补助经费管理办法》作为管理依据。

（4）化肥物资储备①。该类储备物资是为保障春耕化肥供应、稳定化肥价格以及满足国内钾肥和应急化肥需求，为做好国家化肥商业储备管理工作，依据《中华人民共和国农业法》《中华人民共和国肥料管理条例》出台了《国家化肥商业储备管理办法》。

（5）农药救灾物资储备②。该类储备物资是为建立国家救灾农药储备制度，保障粮食作物突发性重大病虫害防治应急用药需求，为做好国家救灾农药储备工作，依据《中华人民共和国农业法》《农药管理条例》，出台了《国家救灾农药储备管理办法（暂行)》（发展改革委、财政部、农业农村部、供销合作总社）作为管理依据。

（6）医药（包括药品、医疗器械）物资储备。该类储备物资是为加强国家医药储备管理，有效发挥医药储备在确保公众用药可及、防范重大突发风险、维护社会安全稳定中的重要作用。为加强储备管理，依据《中华人民共和国药品管理法》《中华人民共和国疫苗管理法》《国务院关于进一步健全国家储备制度的若干意见》出台了《国家医药储备管理办法》《国家医药储备资金财务管理办法》，并于 2021 年 7 月 8 日发布了《国家医药储备管理办法（修订稿)》公开征求意见。

2. 粮食和重要农产品储备

（1）粮食储备。国家储备此类物资是为了保证国家粮食安全，满足民众基本生活需要。依据《中央储备粮管理条例》（2011）、《粮食流通管理条例》（2021），出台了《粮食库存检查暂行办法》《中央储备粮油财政、财务管理暂行办法》《粮油储存安全责任暂行规定》《粮油安全储存守则》《粮库安全生产守则》《政府储备粮食仓储管理办法》等法规作为管理依据。

---

① 国家发改委和财政部联合出台的《国家化肥商业储备管理办法》规定：国家化肥商业储备分为钾肥储备、救灾肥储备、春耕肥储备三部分，其中钾肥储备为单一品种储备，救灾肥、春耕肥储备品种仅包含氮、磷、复合肥。

② 根据《国家救灾农药储备管理办法（暂行)》，农业农村部确定了 15 种农药储备品种（含生物农药 3 种），其中包括杀虫剂 11 种、杀菌剂 4 种。为便于企业投标，投标产品共设 12 个包，其中 10 个包为单一品种，2 个包为组合品种。

（2）棉花储备。国家为保证民众基本生活需储备此类物资。依据《棉花质量监督管理条例》（2006年修订）出台《国家物资储备管理规定》作为管理依据。

（3）食糖储备。国家为满足民众基本生活需储备此类物资。依据《国家物资储备管理规定》出台《中央储备糖管理办法》作为管理依据。

（4）肉类储备。国家为满足民众基本生活需要，维护社会稳定储备此类物资。出台《中央储备肉管理办法》作为管理依据。

（5）天然橡胶储备。为满足生产、生活需要，保证社会稳定储备此类物资。出台《国家物资储备管理规定》和《天然橡胶良种补贴项目资金管理办法（试行）》作为管理依据。

3. 石油等重要能源储备

（1）煤炭储备。为应对重大自然灾害、突发事件等导致煤炭供应中断或严重不足情况，中央政府储备统一调用的煤炭。国家发展改革委、财政部印发《国家煤炭应急储备管理暂行办法》作为管理依据。

（2）石油储备。国家为保持国家石油储备规模与石油消费总量相适应，保证石油安全而储备此类物资。2016年国家能源局就《国家石油储备条例（征求意见稿）》公开征求意见。条例指出，国家鼓励社会资本参与石油储备设施建设运营，国务院发展改革部门会同财政部门、能源主管部门拟订国家石油储备发展规划以及收储、轮换计划和动用方案。

4. 战略性矿产品和关键原材料储备（涉密，略）

3.1.2.2 政府储备物资管理效率视角的考察

（1）政府储备物资规模管理状况。目前各主要储备物资种类大多强调了储备规模管理，尽可能避免储备规模过大导致储备物资闲置和资金使用效益低下，也尽可能防止出现储备物资规模偏小而难以充分有效防范和化解突发事件蕴含风险的局面。如国家发改委和财政部联合出台的《国家化肥商业储备管理办法》在第二章（共九章）用一章的篇幅强调了化肥储备规模管理，规定由发展改革委会同财政部确定国家化肥商业储备总规模。国家化肥商业储备总规模的确定要统筹考虑国内化肥产需及进出口形势，并在每一承储责任期结束后进行动态调整。救灾肥、春耕肥储备规模结合国家统计局公布的最新年度农用化肥施用量变动情况等进行调整。钾肥储备规模考虑救灾肥、春耕肥储备调整情况，相应增加到一定规模后保持稳定。2020 年 6 月 10 日发改委、财政部、农业农村部、中华全国供销合作总社发布的《国家救灾农药储备管理办法（暂行）》第四条也明确规定：国家发展改革委、财政部会同农业农村部根据形势变化，确定国家救灾农药储备规模。由此可见，实现特定种类储备物资规模管理优化已是我国政府储备物资管理的一项重要内容。但是，由于国家储备物资事实上存在多头管理，众多的政府职能部门参与政府储备物资管理，负责一种或几种储备物资管理，彼此之间沟通交流不够充分，就整体意义上的政府储备物资管理而言，各自为政的特征较为明显。在这种管理体制下，虽然特定种类的储备物资管理存在实现规模优化的可能，但若要从整体上实现政府储备物资规模优化则难度颇大。这就可能导致两种情况出现：一是政府储备物资规模偏大，存在政府储备物资的闲置和浪费；二是政府储备物资规模偏小，可能难以有效防范和化解有关风险。

（2）政府储备物资结构管理状况。政府储备物资管理机构在特定种类物资储备管理方面较为注重结构优化，比如农业农村部种植业管理司在农药储备管理方面为实现结构优化采取了如下举措：一是突出强调对粮食作物重大害虫防治的农药储备的地位，以实现农药储备种类结构优化。针对水稻、小麦、玉米三大粮食作物重大病虫害防控需要实施重点储备，具体包括 7 种一类病虫害，其中水稻害虫两个（稻飞虱、稻纵卷叶螟）、小麦病害两个（条锈病、赤霉病）、玉米害虫两个（黏虫、草地贪夜蛾）、杂食性害虫一个（飞蝗）；二是紧抓重点防治区域储备，尽可能实现农药储备地区结构优化，将我国水稻、小麦、玉米主要种植省份划分为三大区域，共涉及 20 个省、自治区和直辖市，具体包括华南和西南水稻玉米小麦区（包括广东、广西、福建、海南、云南、贵州、四川、重庆六省一区一市共 8 个省级行政区）、华北和西北小麦玉米区（包括河北、山东、河南、陕西、甘肃、宁夏共五省一区 6 个省级行政区）、华中和华东水稻小麦玉米区（包括江西、湖南、湖北、江苏、浙江、安徽共 6 个省），同时充分考虑了边境区域的防治用药需求；三是强调生产企业在农药储备中的地位、作用，以实现承储主体结构优化。农药生产企业一般技术力量强、管理规范化程度高，具有较强的农药分装能力，一旦发生严重的病虫害，企业可以在短时间内完成药品分装，由此可以充分满足农药储备的灵活性、实用性和时效性要求，但对农药生产企业较少的偏僻落后地区，则适当兼顾由流通企业来完成承储任务，从而通过具体问题、具体分析、灵活选择实现承储主体结构优化；四是在种子储备结构优化方面，《国家救灾备荒种子储备补助经费管理办法》第四条强调国家救灾备荒种子重点储备下列作物：一为适宜灾后改种、补种的玉米、水稻、马铃薯、杂粮、杂豆、蔬菜等短生育期作物品种；二为生产需求大、繁殖中风险高的品种及其亲本；三为适宜备荒的作物品种，由此不难看出国家对种子储备结构的重视以及为实现储备结构优化所做出的努力。国家发改委和财政部联合出台的《国家化肥商业储备管理办法》第九条规定：国家化肥商业储备中进口肥占比，由国家发展改革委会同财政部根据国内外化肥市场情况确定。第十一条强调：钾肥储备应重点布局交通便利地区或粮棉主产区，储备库点均需位于我国海关关境内；救灾肥储备应根据洪涝、台风等自然灾害发生规律，重点布局灾害易发地区和重要粮食主产区；第十二条规定：春耕肥储备分省（区、市）布局，由国家发展改革委、财政部商农业农村部、供销合作总社，根据全国化肥市场形势和调控需要，综合考虑各地农业用肥量、化肥生产运输能力等情况研究确定，并由承储企业在中标区域内合理选择存储和销售网点。粮食主产区春耕肥储备任务中，氮肥占比不低于本地区储备规模的40%（东北三省、内蒙古自治区可适当降低至30%），其他地区复合肥占比不高于本地区储备规模的70%。这反映了国家储备物资管理对化肥储备地区结构、品种结构优化的重视。

　　但是不容讳言，我国政府储备物资事实上存在多头管理，使得在不同种类储备物资之间实现资源优化配置变得相对困难。从理论上讲，在政府储备物资总量一定的条件下，不同种类、不同性质的储备物资应该合理搭配，保证配置于不同种类、不同性质储备物资的资源有相同的边际收益率。如果能有统一的管理主体，其会在资源总量一定的条件下，在不同的储备方向上加以权衡，尽可能实现配置于不同种类、不同性质的储备物资的资源能有相同的边际收益率。但实践中，地位平等的多个部门对政府储备物资实行分散管理，受交易成本的制约，很难通过协商谈判来确定不同种类、不同性质储备物资的资源配置量，何况每个部门都有相对独立的经济利益，其并不一定就是按照社会利益最大化来确定本部门负责储备的物资规模（通常情况下，若储备物资所需资金由财政部门无偿拨付，则会存在明显的追求储备物资规模最大化的倾向），这就进一步加大了优化政府储备物资结构的难度。显然，我国对政府储备物资缺少统一的管理主体，使得从整体上实现政府储备物资结构优化缺少基础条件。

（3）政府储备物资效益管理状况。政府储备物资的效益管理旨在实现政府储备物资管理能够做到少花钱、多办事、事办好。在投入一定的条件下，实现政府储备物资规模、结构、质量尽可能优化；在政府储备物资规模、结构、质量一定的条件下，尽可能实现投入最小。在几大类政府储备物资管理的文件中，为此而展开的效益管理体现在以下几个方面：

第一，储备物资的使用尽量避免免费提供的方式。免费提供意味着价格为零，这对消费者来说需求量会达到消费（使用）所带来的边际效用为零的水平，由此会导致资源配置的边际成本大于边际收益，从而产生效率损失。为避免出现此种情况，在几大类政府储备物资中，多种储备物资都采取了有偿提供的方式并尽可能合理确定提供的价格水平。比如《国家救灾农药储备管理办法（暂行）》第十六条要求承储企业收到储备投放通知后，应在 5 个工作日内投放储备农药，投放时要在同类产品平均市场价基础上给予一定价格优惠。虽然价格会低于市场价格，但相对免费提供，既提高了农药储备物资使用效益，避免了浪费，又通过相对低的价格满足了农户用药需求。再如《国家化肥商业储备管理办法》第二十四条规定：救灾肥中氮肥、磷肥、复合肥年度储备时间内在灾区投放价格以及钾肥储备因救灾需要在灾区投放价格，要按照国家统计局最近一次公布的《流通领域重要生产资料市场价格变动情况》中的相关肥料价格和供销合作总社最近一次监测的相关肥料批发价格平均计算确定，也能收到同样效果。还有《国家救灾备荒种子储备补助经费管理办法》第十七条要求国家救灾备荒种子调用价格不得高于出厂价，具体由调入方和调出方协商，调运费用由调入方承担。这一方面有助于通过相对比较低的价格满足救灾备荒种子需求，另一方面相对免费提供还能抑制对稀缺种子资源的浪费，减轻财政补助压力。即便是原由民政部现由应急管理部、国家粮食和物资储备局管理的无偿使用的救灾储备物资，也在《中央救灾物资储备管理办法》第十七条做出规定：省级人民政府民政部门对地（县）级人民政府民政部门、地（县）级人民政府民政部门对救灾物资使用者要进行必要的技术指导，教育使用者爱护救灾物资，要求使用者不能出售、出租和抛弃救灾物资。县级以上人民政府民政部门应当会同财政、监察、审计等部门及时对救灾物资的发放使用情况进行监督检查，并在第十八条中对中央救灾物资进行了区分，将其划分为回收类物资和非回收类物资两大类，救灾物资使用结束后，未动用或者可回收的回收类中央救灾物资，由使用省份省级人民政府民政部门组织指导灾区民政等部门进行回收，经维修、清洗、消毒和整理后，作为省级救灾物资存储。对使用后没有回收价值的回收类中央救灾物资，由使用省份省级人民政府民政部门组织指导灾区人民政府民政等部门统一进行排查清理。对非回收类物资，发放给受灾人员使用后，不再进行回收。救灾物资回收过程中产生的维修、清洗、消毒和整理等费用，由使用省份省级人民政府财政部门统一安排。救灾物资在回收报废处置中产生的残值收入，按照国库集中收缴管理有关规定，缴入省级国库。

　　第二，通过财政补助取得"四两拨千斤"的效果。《国家救灾农药储备管理办法（暂行）》第十八条规定：相关银行在坚持信贷政策、保障资金安全的前提下，根据承储企业风险承受能力发放贷款，承储企业按时还本付息。第十九条规定：中央财政按照1年期贷款市场报价利率标准对国家救灾农药储备给予资金补助。这样的规定一方面满足了企业储备农药的资金需求，不额外增加企业负担，同时也尽可能减轻了财政支出压力，提高了资金使用效益。《国家化肥商业储备管理办法》第二十九条规定：春耕肥承储企业所需资金，可向中国农业发展银行等申请贷款支持。各银行在坚持信贷政策、合规办贷的前提下，根据承储企业风险承受能力，按照年度储备时间提供优惠、便捷的信贷支持，承储企业按时还本付息。中国农业发展银行对钾肥、救灾肥承储企业，提供政策性信贷支持。第三十条规定：中央财政按以下标准给予资金补助：对钾肥承储企业给予固定金额补助，补助标准按照中标企业中的最低报价确定且不高于当前水平。对救灾肥、春耕肥承储企业给予贴息补助，补助标准分别按照承储货值、承储时间、贷款市场的1年期报价利率的50%、100%计算确定。《国家救灾备荒种子储备补助经费管理办法》第十一条规定：农业部审核后根据承储单位的承储任务及完成情况确定资金分配计划，按照国库集中支付的有关要求，将补助资金直接拨付至各承储单位。第十二条规定：补助资金实行包干使用，用于承储单位在储备国家救灾备荒种子过程中发生的贮藏保管、种子检验、自然损耗、转商亏损或贷款贴息等费用。很明显，在政府储备物资管理文件中类似的规定都可以起到提高资金使用效益的效果，通过财政资金与银行信贷资金的协调配合一方面满足承储企业资金需求，完成物资储备任务，另一方面又充分发挥了财政补贴资金的引导作用，收到"四两拨千斤"之效。

第三，借助政府采购制度采用招投标的办法提高储备资金使用效益。《国家救灾农药储备管理办法（暂行）》第九条要求农业农村部牵头、供销合作总社配合，组织技术支持单位委托招标代理机构，按照公开、公平、公正原则，通过招标等方式确定承储企业。中标后，承储企业的承储责任期为 2 年，期间未履行承储企业相关义务的均视为未完成储备任务。《国家化肥商业储备管理办法》第十四条规定：国家发展改革委、财政部委托招标代理机构，按照公开、公平、公正原则，依法通过公开招标、邀请招标等方式确定国家化肥商业储备承储企业；第十七条规定：招标公告应当在中国招标投标公共服务平台和全国性化肥专业网站等相关媒体上公布。中标候选企业名单在发布招标公告的媒体上公布。第十八条规定：中标企业在承储责任期（钾肥、救灾肥为 4 年，春耕肥为 2 年，下同）内承担储备任务，到期后国家就下一期承储企业重新组织招标确定。通过上述规定不难看出，不管是农药储备还是化肥储备，都采用了招投标的办法来确定承储企业，并且企业获取的承储资格都有有效期的规定，超出规定年限要重新参加招投标竞争存储资格，由此既鼓励存储企业通过竞争提高效率，又降低了政府储备物资的存储成本，提高了资金使用效益。

第四，根据实际情况严格控制储备物资管理费列支范围和标准。中央救灾物资储备管理费核算标准经过了四次调整：一是 2002～2011 年，根据《中央级救灾储备物资管理办法》的规定，中央级救灾储备物资管理费按照上年实际储备物资金额的 3% 列支。二是 2012～2013 年考虑到物价上涨因素的影响以及储备物资管理规范化、精细化导致管理成本加大，民政部与财政部协商后，《中央救灾物资储备管理办法》将列支比例提高到 6%。三是 2014～2016 年民政部商财政部，把管理费列支比例提高到8%，并在《中央救灾物资储备管理办法》做出明确规定。四是2017年以后按3%列支。审计署2017年对中央救灾物资储备管理费审计中发现部分中央救灾物资储备库结转资金规模偏大，向财政部提出整改要求，严格管理费列支范围（见表3-2），降低列支比例。2018年12月，财政部、应急部联合下发文件《关于下达2018年中央自然灾害生活补助资金预算的通知》，规定按3%标准拨付2017年管理费到相关省份财政厅（局）。通过上述中央救灾储备物资管理费列支比例的调整情况看，国家为保证储备物资管理工作顺利进行，对管理费列支比例进行了灵活调整，一度提高了列支比例，但管理相当严格，一旦发现列支比例偏高，存在资金闲置，则及时调整列支比例（当年予以调整），从而提高储备物资资金使用效益。

表3-2　　　　　　　　　中央救灾物资管理费列支范围

序号	支出项	具体支出范围
1	仓库占用费	库房租用费用，管理人员的工资、津贴，用于代储物资管理所发生的业务培训及日常办公费用等
2	仓库维护费	库房及相关附属设施、设备的购置、维修、更新、改造等项支出
3	物资保险费	代储单位必须为中央救灾储备物资购买的全额年度综合财产保险费
4	物资维护保养费	维护材料购置费，机械使用燃油费，水费，电费，为保证中央物资入库质量的验收费，检测鉴定费，报废处理费，设备运行租赁费等
5	人工费	用于代储物资管理所发生的仓库人员应急值班、加班补贴和餐补，临时工雇佣费
6	物资短途装运费	物资装卸搬运劳务费、运输工具租赁费、装卸人员伙食费等

第五，通过轮换避免物资超过有效使用期而浪费或通过物资回收提高物资使用效益。

《国家化肥商业储备管理办法》第二十二条规定：钾肥承储企业自主确定轮换时机，并在30个工作日内补齐库存。《中央救灾物资储备管理办法》第十八条规定：中央救灾物资分为回收类物资和非回收类物资。回收类物资和非回收类物资品种由民政部商财政部确定。救灾物资使用结束后，未动用或者可回收的回收类中央救灾物资，由使用省份省级人民政府民政部门组织指导灾区民政等部门进行回收，经维修、清洗、消毒和整理后，作为省级救灾物资存储。对使用后没有回收价值的回收类中央救灾物资，由使用省份省级人民政府民政部门组织指导灾区人民政府民政等部门统一进行排查清理。

3.1.2.3　储备物资管理流程视角的考察

1. 筹资管理状况

政府储备物资管理流程的第一个环节即是筹资，即确定储备物资的资金来源。我国政府储备物资的资金来源主要有两个渠道：一是财政拨款，二是银行贷款。到底是选择财政拨款还是选择银行贷款，要根据储备物资的具体性质及使用环境条件来确定。中央救灾物资作为由国家粮食和物资储备局负责收储、轮换和日常管理，专项用于紧急抢救转移安置突发事件受影响人员和为受影响人员提供生活救助的各类物资，其坚持无偿使用原则，因此《中央救灾物资储备管理办法》第二条规定：中央救灾物资是指中央财政安排资金，由民政部购置、储备和管理，专项用于紧急抢救转移安置灾民和安排灾民生活的各类物资。中央救灾物资的储备种类、数量和经费由民政部商财政部确定。而化肥、农药、种子等农用生产资料储备采取的筹资方式则是银行贷款和财政补助相结合的方式。《国家救灾备荒种子储备补助经费管理办法》第二条明确国家救灾备荒种子储备补助经费是国家安排用于保证国家救灾备荒种子储备任务顺利完成的专项资金。第十一条规定：农业部审核后根据承储单位的承储任务及完成情况确定资金分配计划，按照国库集中支付的有关要求，将补助资金直接拨付至各承储单位。第十二条规定：补助资金实行包干使用，用于承储单位在储备国家救灾备荒种子过程中发生的贮藏保管、种子检验、自然损耗、转商亏损或贷款贴息等费用。第十三条要求承储单位要建立项目资金明细账，严格执行财政资金使用相关规定，按规定的用途使用，确保资金安全。《国家化肥商业储备管理办法》第二十九条规定：春耕肥承储企业所需资金，可向中国农业发展银行等申请贷款支持。各银行在坚持信贷政策、合规办贷的前提下，根据承储企业风险承受能力，按照年度储备时间提供优惠、便捷的信贷支持，承储企业按时还本付息。中国农业发展银行对钾肥、救灾肥承储企业，提供政策性信贷支持。第三十条规定：中央财政按对钾肥承储企业给予固定金额补助，补助标准按照中标企业中的最低报价确定且不高于当前水平；对救灾肥、春耕肥承储企业给予贴息补助，补助标准分别按照承储货值、承储时间、贷款市场的 1 年期报价利率的 50%、100% 计算确定。《国家救灾农药储备管理办法（暂行）》第十八条要求相关银行在坚持信贷政策、保障资金安全的前提下，根据承储企业风险承受能力发放贷款，承储企业按时还本付息。第十九条要求中央财政按照 1 年期贷款市场报价利率标准对国家救灾农药储备给予资金补助。

2. 购置管理状况

我国政府应急物资储备多采取政府直接储备、实物储备的形式，这就涉及储备物资的购置，要通过购置实现货币形式的财政资金向实物形态的储备物资转化。我国《中央救灾物资储备管理办法》第五条对物资购置做出明确规定：民政部根据确定的中央救灾储备物资年度采购计划和应急购置计划，按照政府采购政策规定，购置中央救灾储备物资。这一是强调了购置的计划管理；二是明确了购置主体即民政部要根据确定的中央救灾储备物资年度采购计划和应急购置计划购置中央救灾物资；三是明确物资购置必须要按照政府采购政策的有关规定进行。

3. 存储管理状况

我国政府救灾储备物资采用了政府直接储备的方式，具体采用了两种实现方式：一是根据需要设立中央储备库进行存储，二是委托省级政府储备库存储。《中央救灾物资储备管理办法》第四条规定：代储单位负责中央救灾储备物资的日常管理，及时会同同级财政部门负责向民政部和财政部上报情况。第六条规定：代储单位应对救灾储备物资实行封闭式管理，专库存储，专人负责。要建立健全救灾储备管理制度，包括物资台账和管理经费会计账等。救灾储备物资入库、保管、出库等要有完备的凭证手续。第七到第十条对代储单位的代储行为做了更为详细的规定：一是代储单位的救灾物资储备仓库设施和管理参照国家有关救灾物资储备库标准执行，库房应避光、通风良好，有防火、防盗、防潮、防鼠、防污染等措施；二是代储单位应按照民政部要求，对新购置入库物资进行数量和质量验收，并在验收工作完成后 5 个工作日内将验收入库的情况报告报民政部；三是代储单位应根据民政部要求调拨的物资种类、数量、批号、调运地点及时办理出库手续，并将办理情况及出库、运输等凭证复印件在组织发货后 2 个工作日内报民政部；四是储存的每批物资要有标签，标明品名、规格、产地、编号、数量、质量、生产日期、入库时间等，储备物资要分类存放，码放整齐，留有通道，严禁接触酸、碱、油脂、氧化剂和有机溶剂等，储备物资要做到实物、标签、账目相符，定期盘库。

4. 使用管理状况

《中央救灾物资储备管理办法》第十四条规定：使用救灾物资时，受灾省应先动用本省救灾储备物资，在本省储备物资全部使用仍然不足的情况下，可申请使用中央救灾储备物资。申请使用中央救灾物资应由省级人民政府民政部门商同级财政部门同意后，向民政部提出书面申请。书面申请的内容包括：自然灾害发生时间、地点、种类，转移安置人员或避灾人员数量；需用救灾物资种类、数量；本省救灾储备物资总量，已动用本省救灾储备物资数量；申请中央救灾物资数量等。根据受灾省的书面申请，结合重特大自然灾害生活救助资金的安排情况，民政部统筹确定调拨方案，向申请使用中央救灾物资的受灾省份省级人民政府民政部门、代储单位发出调拨通知，并抄送财政部和有关省级人民政府财政部门。紧急情况下，申请使用中央救灾物资的受灾省份省级人民政府民政部门也可先电话报民政部批准，后补申请手续。《国家救灾备荒种子储备补助经费管理办法》第十四至十八条对种子储备的使用做出了规定：国家救灾备荒种子在储备期间的调用权归农业部，未经农业部批准，任何单位和个人不得擅自调用；因自然灾害、调剂市场供需矛盾等原因，需调用国家救灾备荒种子的，由调用储备种子的省级农业主管部门向农业部提出书面申请，农业部根据实际情况应及时予以批复，并通知种子调出省农业主管部门组织落实；承储单位接到国家救灾备荒种子调用任务后，应当及时安排储备种子的调运，并出具种子质量检验报告，不得以任何理由延缓和拒绝储备种子的调用；国家救灾备荒种子调用价格不得高于出厂价，具体由调入方和调出方协商，调运费用由调入方承担；调用结束后，调出地和调入地省级农业主管部门应当分别将储备种子调出和使用情况报告农业部。《国家救灾农药储备管理办法（暂行）》第十六条规定：出现迁飞、流行性农作物病虫情预警，且级别达

"偏重"及以上时，相关省级农业农村主管部门或其委托的植保机构及时向农业农村部发出储备动用申请。农业农村部根据病虫情况，直接向相关承储企业下达储备投放通知，并抄送国家发展改革委、财政部、供销合作总社。收到储备投放通知后，承储企业应在5个工作日内投放储备农药，投放时要在同类产品平均市场价基础上给予一定价格优惠，并在7日内向农业农村部、供销合作总社报备储备动用情况，30日内补齐储备库存。《国家化肥商业储备管理办法》第二十一条规定：年度储备时间内，如遇宏观调控需要或出现重大自然灾害等特殊情况，国家可指定相关企业对储备化肥行使优先购买权，承储企业应保证货源充足，及时供应。财政部根据实际承储时间拨付承储企业补助资金。第二十二条规定：钾肥承储企业自主确定轮换时机，30个工作日内补齐库存。第二十三条规定：申请动用救灾肥时，由相关省（区、市）发展改革委会同农业农村部门根据洪涝、台风等灾害对本地区农业生产的影响，向国家发展改革委上报动用申请；国家发展改革委及时向承储企业下达救灾肥投放通知，并可根据地方救灾需要投放部分钾肥储备。承储企业应在收到投放通知后3日内调集救灾肥并启运，尽快送达，随后15个工作日内补齐库存。通过上述文件对政府储备物资使用做出的各项规定，不难看出：我国中央政府各职能部门储备物资的使用权管理较为集中，地方政府可以申请使用中央政府的储备物资，但通常都需要经过中央有关职能部门的审批并需符合一定条件，审批程序较为规范、严格。

5. 回收管理状况

一次性使用的储备物资不涉及回收管理。可重复使用的储备物资在使用后予以回收，有助于做到物尽其用，减少浪费，提高储备物资管理效益。《中央救灾物资储备管理办法》第十八条将中央救灾物资分为回收类物资和非回收类物资，并规定回收类物资和非回收类物资品种由民政部商财政部确定。救灾物资使用结束后，未动用或者可回收的回收类中央救灾物资，由使用省份省级人民政府民政部门组织指导灾区民政等部门进行回收，经维修、清洗、消毒和整理后，作为省级救灾物资存储。对使用后没有回收价值的回收类中央救灾物资，由使用省份省级人民政府民政部门组织指导灾区人民政府民政等部门统一进行排查清理。对非回收类物资，发放给受灾人员使用后，不再进行回收。救灾物资回收过程中产生的维修、清洗、消毒和整理等费用，由使用省份省级人民政府财政部门统一安排。救灾物资在回收报废处置中产生的残值收入，按照国库集中收缴管理有关规定，缴入省级国库。回收工作完成后，使用省份省级人民政府民政部门应会同财政部门及时将救灾储备物资的使用、回收、损坏、报废情况以及储存地点和受益人数（次）报民政部和财政部。民政部和财政部继续予以跟踪考核。

3.1.3　如何管：储备物资管理模式、手段、依据的状况

3.1.3.1　储备物资管理模式状况

（1）从各管理主体之间的相互关系考察，我国现阶段的政府储备物资管理模式完成了由分散管理模式向统一与分散相结合模式的转变。在 2018 年应急管理部和国家粮食和物资储备局成立之前，国家应急物资储备管理权分散于政府的各个职能部门，民政部门负责救灾物资储备、农业部负责农药和种子储备、水利部负责抗旱防汛物资储备等，是较为典型的分散储备管理模式，应急管理部和国家粮食和物资储备局成立后，接管了民政部救灾物资储备管理工作，但目前并没有改变政府储备物资分散管理的基本格局。

（2）从不同级次政府储备物资管理在整个物资储备管理体系中的地位考察，我国目前政府储备管理模式采取的是集权与分权相结合管理模式。当前，我国物资储备体系大体由以下四部分组成：一是中央在各省的应急物资储备；二是省级应急物资储备；三是市级政府应急物资储备；四是企事业单位应急物资储备。其中，自然灾害类物资储备以中央储备为主；事故灾害类、公共卫生事件类物资以省级储备为主；社会安全事件类以市级政府储备为主，有些市级储备中还有能源中断类事故的应急物资；企事业单位的应急物资储备，主要针对其生产经营活动中易发生的灾害事故进行储备。就物资储备能力与规模而言，中央在各省、自治区、直辖市的物资储备属"国家队"，已形成由储备设施、储备队伍和储备技术构成的较为先进和完善的储备体系。目前国家正对该系统进行仓库布局结构调整，扩大储备规模，提升储备能力，可为各地应急物资储备提供支撑。省级储备主要包括省应急管理部门的物资储备部门。省粮食和物资储备局为应急粮源的储备单位。水利、农业农村、卫

健委、铁路、公安等部门都有一定的专业物资储备。大部分市级政府也建立了救灾物资储备库，有些市级政府还建立了一定规模的森林防火物资储备库、防汛物资储备库以及少数的疫苗储备冷库、备灾种子储备库等①。另外，我国集权与分权相结合管理模式还体现为中央政府、地方政府分级储备与中央政府委托地方政府储备两种方式并用，一般性救灾物资储备，不同级次政府分别设立本级的物资储备系统，为分级储备，而政府种子储备则是带有明显的中央委托地方政府储备的性质。《国家救灾备荒种子储备补助经费管理办法》第六条规定的救灾备荒种子储备方式为：农业部每年 1 月上旬下达翌年国家救灾备荒种子储备计划，明确各承储省份储备的作物种类类型、数量、补助标准；相关省级农业主管部门根据农业部下达的储备计划，公开、择优确定作物品种及承储单位，于 2 月上旬报农业部审核；农业部审核后，于 3 月上旬下达国家救灾备荒种子储备任务，并与相关省级农业主管部门签订一级储备合同；相关省级农业主管部门根据下达的种子储备任务，于 3 月中旬前与承储单位签订二级承储合同；农业部 4 月上旬公开发布翌年国家救灾备荒种子储备相关信息，包括储备作物品种、承储单位、承储数量、承储地点等。

（3）从物资是否由政府直接储备考察，我国政府应急物资储备多采取政府直接储备和委托企业代储相结合模式。由应急管理部和国家粮食和物资储备局负责管理的中央救灾物资采用了政府直接储备的方式，在全国范围内设立了中央储备库储备救灾物资。农药、种子、化肥储备则采用由企业代储的方式。除应急物资储备外，煤炭、石油等能源储备以及粮食和农产品储备多采用企业代储方式。

（4）从政府储备物资所采用的形式，我国主要采用了实物储备模式，合同储备和生产能力储备模式发挥作用较小。实物储备最大的好处是可以有效保证储备物资及时调用，但容易导致储备物资过期变质浪费；合同储备和生产能力储备本质是潜在储备，可以最大限度减少储备物资的过期变质浪费，但可能会对储备物资的及时调用造成负面影响。

---

① 丁烈云、喻发胜：省级政府应急物资储备现状与体制改革，公共管理高层论坛（第7辑）。

3.1.3.2　政府储备物资管理手段状况

（1）预算管理手段运用状况。《中央救灾物资储备管理办法》第一条明确规定为提高救灾应急能力，保障受灾人员基本生活，规范中央救灾物资储备、调拨及经费管理，《中华人民共和国预算法》是制定管理办法的依据之一；第四条规定民政部会同财政部负责制定中央救灾物资储备总体规划，确定年度购置计划。发生重特大自然灾害需应急追加中央救灾物资的，由民政部会同财政部制订应急购置计划。总体看，预算管理手段在政府储备物资管理中的运用还不够充分，至少预算手段的地位、作用及其功能实现在政府出台的文件、规定中并没有充分体现出来，基本还处于笼统强调政府储备物资管理应编制储备计划阶段。

（2）绩效管理手段运用状况。《中央救灾物资储备管理办法》中没有明文强调绩效管理，也没有要求定期开展绩效评价并将评价结果与各储备库管理费拨付额度挂钩。但第十一条对报废物资的可利用部分应充分利用的规定，以及要求中央救灾物资报废处置的残值收入，要按照国库集中收缴管理有关规定全部上缴中央国库的规定，还是较为明显地体现了绩效管理理念。《国家救灾农药储备管理办法（暂行）》第二十一条规定：国家救灾农药储备建立事中动态监督检查机制，实行动态抽查和台账管理。由农业农村部、供销合作总社负责对储备库存、投放、补库等情况进行核查，确保账实相符、投补真实。第二十二条规定：承储企业按照每月月末救灾农药储备货值不低于承储任务量接受考核。月末如遇投放后尚未补足库存的，按照下月月末储备货值进行考核。考核的对象不仅是承储企业，也包括地方政府财政部门。第二十条规定：相关省（区、市）财政厅（局）于年度储备期结束后 30 个工作日内将汇总的资金补助申请以正式文件上报财政部；地方财政收到中央财政拨付的补助资金后，在 30 日内转拨至承储企业，不得拖延滞留或转移补助资金，并接受财政部当地监管局的监督。第二十九条规定：本办法自2020 年 7 月 10 日实施，有效期至 2023 年 7 月 10 日。承储企业首次 2 年承储责任期届满前由财政部会同发展改革委、农业农村部、供销合作总社组织开展绩效评价，评价结果作为调整储备政策和资金补助的重要依据。《国家化肥商业储备管理办法》第三十八条规定：承储企业在年度储备时间内非因不可抗力因素变更储备品种、数量及联合体成员分工、承储比例；未按要求上报储备数据、情况、资金补助申请材料；经认定所报数据、情况与实际有明显不符；未完成考核指标，均被视为未完成储备任务，这实际已将未完成考核任务的判定标准作为绩效考核手段加以运用。总体看，绩效管理理念在政府储备物资管理中得到了重视并在文件中对实施绩效管理提出了明确要求，但工作到底应如何开展并没有明确的行为依据和判定标准。

（3）奖惩手段的运用状况。《中央救灾物资储备管理办法》第十九条规定：贪污和挪用救灾储备物资，因管理不善等人为原因造成救灾储备物资重大损毁和丢失，由所在单位追回或赔偿，并依照有关规定对直接责任人员给予行政处分。《国家救灾农药储备管理办法（暂行）》第二十七条：承储企业出现未完成储备任务考核、储备投放情况弄虚作假、储备产品出现明显质量问题给使用者造成较大损失、将国家救灾储备农药用于出口，或者有其他未按要求落实储备任务的违规行为，均视为未完成储备任务，中央财政不予资金补助，4年内不得承担国家救灾农药储备任务；相关违法行为移交相关部门依法处置。《国家化肥商业储备管理办法》第三十八条规定：非因不可抗力因素未完成储备任务，中央财政不予资金补助，已发放的予以追缴，三个招标期内不得参与国家化肥商业储备任务；第三十九条规定：承储企业若采取弄虚作假等行为骗取储备补助资金、将储备贷款挪作他用，或者投放市场的储备化肥经有关方面检测为假冒伪劣化肥、化肥实际养分含量及重量与标准明显不符的，中央财政不予资金补助，已发放的予以追缴，不得再参与国家化肥商业储备任务，相关行为移交有关部门依法依规处理。《国家救灾备荒种子储备补助经费管理办法》第二十二、二十三条对承储单位未经批准，擅自改变储备作物种类、品种或数量，擅自调用国家救灾备荒种子的，或未按国家或行业规定的质量标准和贮藏要求储备种子的，规定收回或不予发放补助资金，3年内不再安排承担国家救灾备荒种子储备任务，情节特别严重的，永久取消其承储资格。第二十四条规定：承储单位截留、挪用补助资金的，按《财政违法行为处罚处分条例》等规定追究相关人员的责任，收回或不予发放补助资金，3年内不再安排承担国家救灾备荒种子储备任务，情节特别严重的，永久取消其承储资格。第二十五条：省级农业主管部门违反本办法第二十条的规定，未履行监督职责或监督不力的，视情节轻重相应调减国家救灾备荒种子储备量。总体看，政府储备物资管理在奖惩手段的运用方面较为注重惩戒手段，奖励手段的运用较为鲜见。

（4）会计手段的运用。政府储备物资管理会计手段的运用区分两种情况：第一种，通过政府购置完成的政府直接储备运作过程的会计核算。2019 年 1 月 1 日政府会计准则制度全面施行以来，政府储备物资的会计核算按照《政府会计准则第 6 号——政府储备物资》和《政府会计制度——行政事业单位会计科目和报表》等有关规定执行。政府储备物资在取得时，按照其成本入账。购入的政府储备物资验收入库，按照确定的成本，借记"政府储备物资"，贷记"财政拨款收入""零余额账户用款额度""银行存款"等科目。涉及委托加工政府储备物资业务的，相关账务处理参照"加工物品"科目。接受捐赠的政府储备物资验收入库，按照确定的成本，借记"政府储备物资"，按照单位承担的相关税费、运输费等贷记"零余额账户用款额度""银行存款"等科目，按照其差额，贷记"捐赠收入"科目。接受无偿调入的政府储备物资验收入库，按照确定的成本，借记"政府储备物资"，按照单位承担的相关税费、运输费等贷记"零余额账户用款额度""银行存款"等科目，按照其差额，贷记"无偿调拨净资产"科目。政府储备物资发出的会计处理，应当分情况核算。因动用而发出无须收回的政府储备物资的，按照发出物资的账面余额，借记"业务活动费用"科目，贷记"政府储备物资"。因动用而发出需要收回或者预期可能收回的政府储备物资，在发出物资时，按照发出物资的账面余额，借记"政府储备物资"（发出），贷记"政府储备物资"（在库）；按照规定的质量验收标准收回物资时，按照收回物资原账面余额，借记"政府储备物资"（在库），按照未收回物资的原账面余额，借记"业务活动费"科目，按照物资发出时登记在"政府储备物资"所属明细科目中的余额，贷记"政府储备物资"（发出）。因行政管理主体变动等原因而将政府储备物资调拨给其他主体的，按照无偿调出政府储备物资的账面余额，借记"无偿调拨净资产"科目，贷记"政府储备物资"。对外销售政府储备物资，并按照规定将销售净收入上缴财政的，发出物资时按照发出物资的账面余额，借记"资产处置费用"科目，贷记"政府储备物资"；取得销售价款时，按照实际收到的款项金额，借记"银行存款"等科目，按照发生的相关税费，贷记"银行存款"等科目，按照销售价款大于所承担的相关税费后的差额，贷记"应缴财政款"科目。对外销售政府储备物资并将销售收入纳入单位预算统一管理的，发出物资时，按照发出物资的账面余额，借记"业务活动费用"科目，贷记"政府储备物资"；实现销售收入时，按照确认的收入金额，借记"银行存款""应收账款"等科目，贷记"事业收入"等科目。盘盈的政府储备物资，按照确定的入账成本，借记"政府储备物资"，贷记"待处理财产损溢"科目。盘亏或者毁损、报废的政府储备物资，按照待处理政府储备物资的账面余额，借记"待处理财产损溢"科目，贷记"政府储备物资"。第二种，由企业代储需完成的会计核算，这一方面要求管理机构根据政府购买服务合同约定，按照资金管理规定和服务类型，采用财政授权支付方式将补助金支付给企业；另一方面企业财务核算要执行《企业会计准则》和国家相关税收政策，财务一般专项核算，实物实行专项管理，会计核算主体为承储企业，存货计价原则按照实际成本登记入库，具体成本计价方式一般采用移动加权平均等方法。

第五，信息手段的应用。政府储备物资规模大、涉及物资种类多，结构较为复杂，目前整体看信息化管理水平还有待提高，一些储备库还依靠传统的人工搬运、手工记账或简单的微机记账，管理方式简单粗放。为提高政府储备物资的信息化管理水平，应急管理部牵头组织实施"金民"工程一期减灾救灾项目——应急物资储备库管理系统开发，在沈阳库、合肥库等多个储备库安装了信息系统硬件设备，结合 GPS 定位系统，采用库位细分，RFID 标识等手段，有效提高了物资精准储备程度和快速装卸水平。

3.2 我国政府储备物资管理存在的问题

3.2.1 政府储备物资"谁来管"方面存在的问题

3.2.1.1 多头管理、政出多门问题

这首先体现为粮食和重要农产品储备、石油等重要能源储备、应急

物资储备、战略性矿产品和关键原材料储备四大类储备物资的管理缺少统一的管理主体。其次体现为就每一大类储备物资的管理而言，管理主体也不统一。就应急储备物资管理而言，2018 年 3 月成立的应急管理部应是代表政府履行政府应急储备物资管理职能的行政决策机构，粮食和物资储备管理局应是履行政府储备物资管理职能的执行机构。但是，在实践中，掌握政府物资储备行政管理决策权的并不仅仅是应急管理部，应急管理部只是接管了原民政部掌管的政府一部分救灾物资管理的决策权（主要是灾害救济需要使用的共性较强的物资，如帐篷、衣物、食品等），其他政府应急储备物资行政管理决策权仍然掌控在其他部门手中，比如农业农村部掌握种子储备、农药储备管理的行政决策权，发改委掌握化肥储备行政管理的决策权。这些决策主体在行政上是平级关系，谁也管不了谁，谁也不服谁管，于是从整体考察，政府储备物资存在明显的多头管理，各个管理主体自行其是，彼此之间井水不犯河水，由此导致不同种类的政府储备物资管理不能统筹安排，而只能由各个管理主体各自为政，降低了政府储备物资资源配置效率，也加大了行政管理成本。从政府储备物资管理的执行机构来看，也存在明显的多头管理，管理权事实上并没有统一到国家粮食和储备物资管理局，从其副部级的行政级次及机构名称看，其应在应急管理部做出政府储备物资管理决策的条件下，负责政府储备物资计划的贯彻落实管理，但实际上目前其只是管理原民政部负责管理的国家部分救灾物资储备计划的贯彻落实，其他的政府储备物资，如种子储备、化肥储备、农药储备计划的贯彻落实，都由其各自的决策机构另选储备计划贯彻落实机构，而和国家粮食和储备物资管理局没有直接关系。这相当于肢解了应急管理部、粮食和储备物资管理局的职能，从管理主体的角度看，则表现为多头管理导致了政府储备物资管理的混乱局面。

　　政府储备物资的多头管理不仅体现在不同种类的政府储备物资的管理，即便是同一种政府储备物资，也存在事实上的多头管理，而并没有将管理决策权统一于一个机构。比如《国家化肥商业储备管理办法》第五条规定：国家发展改革委、财政部统筹管理国家化肥商业储备；第七条规定：国家发展改革委会同财政部确定国家化肥商业储备总规模。第十四条规定：国家发展改革委、财政部委托招标代理机构，按照公开、公平、公正原则，依法通过公开招标、邀请招标等方式确定国家化肥商业储备承储企业。显然，国家化肥储备管理办法事实上明确了两个管理主体：国家发改委和财政部，二者的关系应如何处理、协调？在意见不一致的时候如何决策？在管理办法中并没有做出明确界定，这很容易在实践中加大决策成本，降低决策效率。在该管理办法第十二条中规定的春耕肥储备分省（区、市）布局的决策办法是：由国家发展改革委、财政部商农业农村部、供销合作总社，根据全国化肥市场形势和调控需要，综合考虑各地农业用肥量、化肥生产运输能力等情况研究确定，并由承储企业在中标区域内合理选择存储和销售网点。这就在国家发改委、财政部两个决策主体的基础上又增加了两个部级主体参与决策，即农业农村部和供销合作总社，这就涉及了四个决策主体。一般来说，决策主体越多，彼此之间偏好差异越大，越不容易形成统一意见，这会进一步加大决策成本，降低决策效率。类似的情况在国家农药储备管理权限划分方面也存在。《国家救灾农药储备管理办法（暂行）》第四条规定：国家发展改革委、财政部会同农业农村部根据形势变化，确定国家救灾农药储备规模。农业农村部确定储备品种及形态，组织选定承储企业，下达储备计划及动用指令，负责事中事后监管、信息共享、政策宣传等工作。供销合作总社配合农业农村部做好承储企业选定、事中事后监管、宣传引导等相关工作。该项规定明确了农药储备执行权由农业农村部掌握，但对救灾农药储备规模的确定权归属却没有明确，而是赋予三个主体：国家发改委、财政部和农业农村部，但对三者之间的关系应如何处理协调并没有明确的判定标准。第十七条规定：农业农村部、供销合作总社对承储企业储备农药投放的真实性及报备情况进行考核。第二十一条规定：由农业农村部、供销合作总社负责对储备库存、投放、补库等情况进行核查，确保账实相符、投补真实。第二十四条规定：农业农村部、供销合作总社可委托相关机构，核查承储企业储备农药的产品名称、规格、进销存台账及相关票据，核对实际库存、台账库存与报表库存。每季度最后一周将汇总后的上季度库存及投放等信息分别报送国家发展改革委、财政部。上述三条规定使农业农村部和供销合作总社处于并列地位，二者显然需要协商配合、共同决策，也属于较为典型的多头管理。

3.2.1.2　不同级次政府间管理权限划分没有以风险评估为基础

突发事件的风险大小决定了应急物资储备的数量、品种和储备方式，而中国目前应急物资储备物资决策的做出多是经验性的，缺乏科学的风险分析，没有在风险评估基础上建立相应的储备制度。按照突发事件"分级负责"的应急管理体制，各级政府都需要根据自己的行政级别，分别确定应主要负责应对的相应级别的突发事件，并需要分别储备相应的应急物资。然而目前各级政府需要负责应对的突发事件的级别划分不明确，因而对各级政府所需储备的应急物资也就没有明确要求，以致部分地方政府很少或者根本就没有储备应急物资①。

3.2.1.3　不同级次政府间管理权限划分不合理

（1）事权划分交叉：《中央救灾物资储备管理办法》第三条关于地方部门职责做出规定：中央救灾物资由民政部根据救灾需要商财政部后，委托有关地方省级（包括各省、自治区、直辖市以及新疆生产建设兵团，下同）人民政府民政部门定点储备。担负中央救灾物资储备任务的省级人民政府民政部门为代储单位。第四条规定民政部会同财政部负责制定中央救灾物资储备总体规划，确定年度购置计划。发生重特大自然灾害需应急追加中央救灾物资的，由民政部会同财政部制订应急购置计划，而代储单位负责中央救灾储备物资的日常管理，及时会同同级财政部门负责向民政部和财政部上报情况。这属于较为典型的中央与地方事权划分交叉的表现，你中有我，我中有你，事权划分交叉重叠，加大管理难度。中央救灾物资储备管理属于标准的中央事权，中央事权从理论上讲不是不可以委托地方承担，如果委托给地方则中央与地方就是委托代理关系，委托人要对代理人进行监督，但该规定直接把中央救灾物资的管理权委托（实际是授予）给省级粮食和物资储备部门或省级应急管理部门，但却没有规定要对其行为进行监督，这导致中央救灾物资管理权的划分出现中央的"缺位"和地方的"越位"，同时也导致中央救灾物资管理权和监督权的脱节。按照规定，省级粮食和物资储备部门或省级应急管理部门负责管理本省级行政区域内的中央救灾物资，但其并不负责监督，监督权由国家粮食和物资储备垂直管理局掌握，而垂直管理局并不负责管理该省级行政区域内的中央救灾物资。管理主体具有信息优势但不负责监督，监督主体不负责管理、没有信息优势但却掌握

---

① 张永领. 中国政府应急物资的储备模式研究 [J]. 经济与管理, 2011 (2).

监督权，这种管理和监督权分属不同级次政府的事权划分做法既不利于提高管理效率，也弱化了监督的基础条件。

（2）事权划分不清晰：《中央救灾物资储备管理办法》第十四条规定：各省应对突发事件时，应先动用本省救灾物资，在本省救灾物资不足的情况下，可申请使用中央救灾储备物资。申请使用中央救灾物资应由省级人民政府民政部门商同级财政部门同意后，向民政部提出书面申请。书面申请的内容包括：自然灾害发生时间、地点、种类，转移安置人员或避灾人员数量；需用救灾物资种类、数量；本省救灾储备物资总量，已动用本省救灾储备物资数量；申请中央救灾物资数量等。根据受灾省的书面申请，结合重特大自然灾害生活救助资金的安排情况，民政部统筹确定调拨方案，向申请使用中央救灾物资的受灾省份省级人民政府民政部门、代储单位发出调拨通知，并抄送财政部和有关省级人民政府财政部门。初看起来，此条规定似乎没大问题，但仔细推敲斟酌，不难发现，这条规定存在明显瑕疵和漏洞，实际操作难度颇大，不便体现效率和公平原则。突发事件发生时，应根据波及范围的大小及需要防范和化解的风险程度，来确定到底是动用中央储备物资还是省级储备物资，抑或是由中央与省级分担并确定分担比例。因此，不考虑突发事件性质，直接规定先动用省级救灾物资并不一定就是合理的，在突发事件波及范围远超省级政府辖区，风险危害程度远超省级政府承受能力的条件下，先动用省级救灾物资就不一定合适。在省级救灾物资不足的情况下，可申请使用中央救灾储备物资的规定也不合适。因为并没有明确的标准来判断一个省储备多少物资是合适的，在突发事件波及范围没有超出省级政府辖区，风险危害程度也没超出省级政府承受能力的条件下，一个省在由于储备物资数量不足而难以有效防范和化解风险的情况下，可以申请动用中央储备物资，事实上就是由中央政府为地方政府的机会主义行为买单，会产生"打击先进、鼓励落后"的负面影响，进一步淡化地方政府的风险意识，加大中央政府的物资储备压力。严格说这种现象的存在表明存在中央政府救灾物资使用的"越位"（做了中央政府不该做的事）和省级政府救灾物资使用的"缺位"（应该由省级政府做的事没有做或做得不够好）。反过来说，在突发事件波及范围远超省级政府辖区，风险危害程度也远超省级政府承受能力的条件下，先动用该省救灾物资，如果该省物资储备充足就不动用中央储备物资，只有在该省储备物资出现不足时，才能申请使用中央储备物资，则存在中央政府"缺位"和省级政府"越位"的情况。上述两种情况，都是中央和省级政府救灾储备物资事权划分不够清晰的表现，都不利于体现效率和公平原则。为做好国家医药储备管理工作，工业和信息化部会同相关部门对1999 年发布的《国家医药储备管理办法》进行修订完善，于 2021 年 7月发布《国家医药储备管理办法》（修订稿），在第一章总则第二条规定：政府储备由中央与地方（省、自治区、直辖市）两级医药储备组成，实行分级负责的管理体制。中央医药储备主要储备应对特别重大和重大突发公共事件、重大活动安全保障以及存在较高供应短缺风险的医药产品；地方医药储备主要储备应对较大和一般突发公共事件、重大活动区域性保障以及本辖区供应短缺的医药产品。从形式上看，这似乎在中央与省级政府间明确划分了医药储备的事权责任，但仔细推敲不难发现，这种事权责任的划分并不清晰，因为特别重大、重大突发公共事件与较大和一般突发公共事件并没有明确的划分标准。类似的情况在《中央防汛抗旱物资储备管理办法》的有关规定中也同样存在。其第四章第十二条规定：中央物资用于大江大河（湖）及其重要支流、重要防洪设施抗洪抢险、防汛救灾，以及严重干旱地区抗旱减灾的需要。第十三条规定：防汛抗旱救灾需要的物资，首先由地方储备的防汛抗旱物资自行解决。确因遭受严重水旱灾害并符合第十二条规定，需要调用中央物资的，应由省、自治区、直辖市防汛抗旱指挥部（以下简称申请单位）向国家防总提出申请，经批准后调用。上述规定明确了中央防汛抗旱储备物资的用途及使用管理权，但很明显并没有在中央和地方政府间界定清楚中央防汛抗旱物资储备到底应如何使用。因为大江大河、重要支流、重要防洪设施都没有明确的判定标准，这使中央防汛抗旱储备物资使用的条件不够明确；地方遭受水旱灾害首先要使用地方储备的防汛抗旱物资，确因遭受严重水旱灾害可以申请调用中央物资，在这里地方储备的防汛抗旱物资使用到什么程度、什么样的水旱灾害可称之为严重，都没有明确的判定标准，这在实践中很容易导致中央储备物资在不该使用的条件下被地方政府使用，或者在地方政府可以使用的条件下却未能使用。

（3）事权划分方法不统一：由政府购置和直接储备完成的救灾物资管理的事权划分和政府委托企业代储的储备物资管理的事权划分，由于性质差别明显而采用不同的事权划分思路和方法是必要的，但同样都是由政府委托企业代储的储备物资管理的事权划分各有不同的思路和方法则难以理解。比如，国家农药储备采取的是国家发改委、财政部会同农业部确定储备规模后，农业部确定承储企业，然后根据省级农业部门或其委托的植保机构的申请确定储备农药的使用；而国家种子储备则采用农业部与相关省级农业主管部门签订一级储备合同，然后相关省级农业主管部门根据下达的种子储备任务，与承储单位签订二级承储合同的事权划分办法；国家化肥储备采用的则是国家发改委与财政部确定储备规模和储备期限并招标确定承储企业，承储企业确定储备布局，然后区分储备化肥不同类别确定使用方式的事权划分方法。总之，同属企业代储的储备物资，事权划分方法不统一，人为加大了事权划分的复杂性和划分难度，不便于强化统一管理，也降低了政府储备物资政府间管理权限划分的规范性程度。

（4）中央与地方事权一体化：比较典型的例子是种子储备管理权限在中央与地方政府间的划分。按照《国家救灾备荒种子储备补助经费管理办法》的规定，种子储备管理权限的划分要求农村部农业先与相关省级农业主管部门签订一级储备合同，然后相关省级农业主管部门根据下达的种子储备任务，与承储单位签订二级承储合同。这样的管理权限划分办法，实际是把中央的种子储备与省级政府的种子储备混杂在一起，使二者之间不可能划分出清晰的界限，因为省级政府农业部门作为承上启下的环节，相对农业部，其是代储主体，相对种子企业，其又成为管理主体，这种中央与地方事权划分一体化的做法实施上就没有对种子储备管理权限在中央政府与省级政府之间进行划分。2016年1月1日起施行的《中华人民共和国种子法》将种子储备扩大为国家和省两级，并规定"种子储备的具体办法由国务院规定"。目前已有20个省份建立省级储备制度，但由于中央与省之间管理权限划分尚未具体确定，国家和省两级储备很难实现统一规划和有机衔接。

3.2.2　政府储备物资"管什么"方面存在的问题

3.2.2.1　政府储备物资管理效率视角进行的考察

1. 政府储备物资规模管理难以优化

特定国家特定时期客观上存在最佳的政府储备物资规模。其体现为一个总量概念，要实现规模优化，通常需要实现政府储备物资统一管理，若管理分散，各自为政，一盘散沙，往往难以实现规模优化。我国政府储备物资规模管理难以优化主要受以下几个方面因素的制约：第一，从横向考察，不同种类的储备物资管理权分属不同部门，存在明显的多头管理、政出多门现象。不仅粮食和重要农产品储备、石油等重要能源储备、应急物资储备、战略性矿产品和关键原材料储备这四大类储备物资的管理缺少统一的管理主体，而且就每一大类储备物资的管理而言，管理主体也不统一。就应急物资储备管理而言，就涉及多个管理主体：社会救灾物资储备由应急管理部和国家粮食和物资储备局负责管理；化肥储备由国家发改委、财政部负责管理，农业农村部和供销合作总社也参与；农药储备规模由国家发改委、财政部和农业农村部三个部门商定，供销合作总社也参与管理；种子储备则主要由农业部负责管理。这种分散的多头管理必然导致物资储备工作缺少统筹规划，从而为实现政府储备物资规模优化造成很大障碍。第二，从纵向考察，中央与省级政府间储备物资管理事权划分不合理也制约了政府储备物资规模优化。中央政府要求省级政府在应对突发事件时应首先动用省级政府储备物资，在省级政府储备物资不足时，再申请动用中央储备物资，这种并不根据突发事件波及范围和风险严重程度，而是直接根据政府级次确定储备物资动用顺序的做法并不利于调动省级政府储备物资的积极性。在省级政府自身储备物资不足可以由中央政府储备物资拾遗补缺的条件下，省级政府储备物资的积极性就难以调动，储备规模往往会偏小。当然，按照目前规定，不管突发事件波及范围有多大、风险严重程度有多高，中央政府都可以要求首先动用省级政府储备物资，只有在省级政府储备物资不足以满足需求时才动用中央储备物资，面对这样的约束条件，中央政府在其自身支出压力颇大的条件下也难以有足够的积极性储备足够规模的物资。第三，物资储备规模往往根据财力状况确定，而不是根据需要防范和化解的风险来确定，主观随意性大。这会导致在财力相对充裕时，储备物资规模会偏大，而在财力相对紧张时，政府储备物资规模会偏小，进而使得政府储备物资规模随着财力状况而波动，并不足以防范和化解突发事件蕴含风险。第四，储备物资规模越大越好的狭隘认识普遍存在。仅就突发事件蕴含风险的防范和化解而言，政府储备物资规模当然越大越好，但政府要提供的公共产品和服务有很多种，在资源总量一定的条件下，政府在不同方向的资源配置必然此增彼减、此多彼少。政府用于应对风险防范和化解的资源过多，用于其他方向的资源就会过少，由于资源配置的边际收益递减，这会导致不同方向资源配置的边际收益不等。如果用于其他资源配置方向的边际收益相对更高，就表明用于政府物资储备的资源偏多，也就是说政府储备物资规模的确定还存在优化空间。根据农业农村部种业管理司提供的数据，在1989～2000年由国企统一供种阶段，储备调用率年均45%；在2000～2014年的市场化阶段，储备调用率年均下降到8.34%；从2015至今的政府购买服务阶段，平均调用率仅为5.7%。这表明国家种子储备规模偏大，存在明显的资源闲置。

2. 政府储备物资结构管理难以优化

这体现在两个方面：首先是各大类储备物资之间结构难以优化；其次是各大类储备物资内部各小类之间的结构不够优化。总体来看，前者相对后者，问题更为明显和突出。因为各大类储备物资管理主体在行政上平级，按照分工各自负责特定种类储备物资的管理工作，在没有统一的政府储备物资管理领导机构，管理主体各自为政、独立决策的条件下，各大类储备物资结构难以优化不难理解。这类似一个消费者在预算约束一定的条件下实现消费支出结构的优化比较容易，因为其对自己的偏好很清楚，决策主体统一，但如果是两个决策主体进行决策且彼此缺乏沟通交流，要实现支出结构优化就相当困难。就各大类储备物资内部各小类之间的结构优化而言，虽然也存在多头管理，但各管理主体之间通常存在协商沟通交流渠道，在付出一定交易成本的条件下，实现结构优化的可能性较之没有协商沟通交流渠道还是可以提高不少。但就实际操作情况看，结果也不乐观。存在的问题主要体现在：第一，储备物资的分类不够科学。从理论上讲，要考察储备物资的结构，首先必须对储备物资进行分类，科学的分类是优化结构的基础和前提。但从政府储备物资的结构管理实践考察，并未完全实现储备物资的科学分类。比如《国家化肥商业储备管理办法》第四条将国家化肥商业储备分为钾肥储备、救灾肥储备、春耕肥储备三部分，其中钾肥储备为单一品种储备，救灾肥、春耕肥储备品种仅包含氮、磷、复合肥。这种分类存在的问题集中体现为没有按照一个标准进行，实际是把按照不同标准进行分类的结果并列，由此导致各个构成部分之间必然存在交叉重叠关系。按照化肥包含的养分性质，可将其分为氮肥、磷肥、钾肥以及复合肥，这是一种分类；按照化肥储备的目的可以将其分为救灾肥储备和一般生产性用肥储备；按照化肥在一年中使用季节的不同，可分为春耕肥、夏种肥等不同种类。而化肥储备管理办法把化肥储备分为钾肥储备、救灾肥储备和春耕肥储备三部分，就存在分类标准不统一而导致逻辑混乱的问题，三个组成部分之间的交叉重叠使优化化肥储备结构缺少基础条件。因为救灾肥和春耕肥都应该包括钾肥，救灾肥和春耕肥也存在一定程度的交叉。因此，我国政府储备物资结构难以优化首先是因为对政府储备物资没能做到科学分类。第二，优化政府储备物资结构可以从多个角度和侧面展开，就目前政府储备物资管理的各项规章看，政府储备物资结构考察的角度还不够全面，比如各项规章基本都没有涉及储备物资的政府级次结构，对于同一类政府储备物资到底中央政府应储备多少，省级政府应储备多少没有做出明确规定，这制约了储备物资政府级次结构的优化，问题的症结在于政府储备物资管理体制没有理顺。第三，优化政府储备物资结构的实现方式不当。《国家化肥商业储备管理办法》第十一条规定：钾肥、救灾肥储备布局，由承储企业按以下原则自主确定。钾肥储备重点布局交通便利地区或粮棉主产区，储备库点均需位于我国海关关境内；救灾肥储备根据洪涝、台风等自然灾害发生规律，重点布局灾害易发地区和重要粮食主产区。第十二条规定：春耕肥储备分省（区、市）布局，由国家发展改革委、财政部商农业农村部、供销合作总社，根据全国化肥市场形势和调控需要，综合考虑各地农业用肥量、化肥生产运输能力等情况研究确定，并由承储企业在中标区域内合理选择存储和销售网点。这两条规定实际是把钾肥、救灾肥、春耕肥配置的空间地区结构的决定权赋予了承储企业，虽然规定了企业确定化肥储备地区结构所应遵循的原则，但承储企业作为利己的经济人，其对利润最大化目标的追求会促使其在确定储备地区结构时会尽可能考虑降低自己的成本，而企业基于自身成本最小化来确定储备物资的地区布局可能会以社会成本的增加为代价，当社会成本增加额大于企业成本减少额时，从社会角度考察，这种储备物资配置的地区结构就存在进一步优化调整的余地。

3. 政府储备物资效益管理难以优化

（1）尽量避免免费提供储备物资在提高储备资金使用效益的同时，

基本按市场价出售在一定程度上抑制了需求，不利于提高储备物资管理效益。就目前国家种子储备来看，国家对于企业储备的种子只是拥有"优先平价调用权"，而不是种子的所有权，调用时还需用种主体购买，在救灾种子不免费提供甚至平价提供的情况下，农民付钱买种的积极性并不高。对政府储备物资管理而言，虽然由此减少了成本开支，但效果方面所受到的不利影响更大，总体看并没有取得较为理想的效益水平。

（2）对代储企业的财政补助金多是按代储成本确定且未能及时调整，不利于调动代储企业积极性。《国家化肥商业储备管理办法》第三十条规定：中央财政对钾肥承储企业给予固定金额补助，补助标准按照中标企业中的最低报价确定且不高于当前水平。对救灾肥、春耕肥承储企业给予贴息补助，补助标准分别按照承储货值、承储时间、贷款市场的1年期报价利率的50%、100%计算确定。《国家救灾农药储备管理办法（暂行）》第十九条规定：中央财政按照1年期贷款市场报价利率标准对国家救灾农药储备给予资金补助。《国家救灾备荒种子储备补助经费管理办法》第十二条规定：补助资金实行包干使用，用于承储单位在储备国家救灾备荒种子过程中发生的贮藏保管、种子检验、自然损耗、转商亏损或贷款贴息等费用。上述规定明显是依据代储企业的代储成本核定财政补助数额，就低不就高，代储企业代储政府储备物资就难以取得理想预期收益，积极性、主动性自然会受到不利影响，不利于提高储备物资管理效益。随着物价提高和人工成本的增加，企业代储成本也在增加，但财政补助标准多年维持不变，就种子储备来看，国家的财政补贴多年维持在"五千万元储备五千万公斤种子"的状况，未能及时根据经济社会发展状况提高补助标准，增加补助总量，企业承储成本压力大，不少企业明确表示是在亏本存储。

（3）通过招投标确定代储企业条件要求过于严格，缩小了选择余地，不利于降低代储成本。依据公开、公平、公正原则，采取招投标的办法确定代储企业，有利于引入市场竞争机制，降低代储成本，但是国家农药储备、种子储备、化肥储备在通过招投标选择代储企业时对投标资格限定过于严格，容易导致大企业对代储资格的垄断，缩小了管理机构选择余地，反倒不利于降低代储成本。例如：《国家化肥商业储备管理办法》第十三条规定：国家化肥商业储备承储企业需具备以下基本条件：一是在境内具备化肥生产、经营资格及独立承担民事责任的能力，经营正常。二是实缴注册资本（金）不低于 5000 万元人民币；企业联合体（化肥生产、流通企业可组成联合体）中牵头企业上一年度实缴注册资本（金）不低于 1 亿元人民币；参与企业上一年度实缴注册资本（金）不低于 3000 万元人民币；西藏自治区、青海省、甘肃省、宁夏回族自治区内企业承储本省份或上述其他省份储备任务的，上一年度实缴注册资本（金）不低于 1000 万元人民币。三是化肥流通企业近三年年均销售量 30 万吨以上；化肥生产企业拥有销售网络且近三年年均单质肥料产量 40 万吨以上或复混肥产量 80 万吨以上。联合体各参与企业总量应满足上述条件。上述条件要求非常严格，相当数量的企业因不符合要求而没有投标资格，这虽然在一定程度上保证了代储质量，但也人为缩小了管理机构选择余地，弱化了市场竞争机制，不利于提高储备物资管理效益。

（4）储备物资管理费支出范围和支出标准不合理影响管理效益。一是管理费支出标准调整频率不合理：2002～2011 年，按照《中央级救灾储备物资管理办法》规定，中央级救灾储备物资储备管理费按上年实际储备物资金额的 3% 核定，这一管理费支出标准核定后 10 年没有调整，难以满足物价上涨和管理精细化水平提高对管理费增加的要求。2012 年和 2013 年，民政部与财政部协商后，管理费支出标准由 3% 提高到 6%，翻了一番，并在《中央救灾物资储备管理办法》予以明确。按说在支出标准 10 年没有变动的条件下，将支出标准翻一番应能在较长时间满足储备物资管理的资金需求，但 2014 年又把支出标准由 6% 提高到 8%。显然，如果说 2012 年以前的支出标准调整过于滞后，那么 2012 年以后的管理费支出标准调整则明显过于频繁，带有较强的主观随意性，就 19 个中央物资储备库 2014～2018 年管理费支出占上年度储备物资总价值平均比率看，各库之间偏差较大，有的超过了 8% 的提取标准，有的则低于 4%（见表 3-3），这不利于提高储备物资管理费的使用效益。审计署 2017 年对中央救灾物资储备管理费审计中发现，部分中央救灾物资储备库存在结转资金数额过大的情况，并明确提出整改要求。二是管理费列支范围不够具体，民政部《中央救灾物资储备管理办法》第十三条规定：中央对代储单位给予适当管理经费补贴，专项用于代储单位管理储存中央救灾物资所发生的仓库占用费、仓库维护费、物资保险费、物资维护保养费、人工费和物资短途装运费等项支出，但是对各项支出所包括的具体内容并没有明确规定，最后的"等项支出"意味着除上述支出外，还可以有其他支出，这为代储单位增加其他费用开支提供了空间。三是储备物资管理费按照上年度储备物资价值量的百分比进行提取的做法不合适，没有考虑储备物资管理的规模收益。虽然管理费的多少和储备物资的价值总量有一定比例关系，但二者之间并不是严格的线性关系，随着储备物资价值量的增加，储备物资管理的公用经费、人员经费并不同比增加，毕竟存在规模收益问题。《中央救灾物资储备管理办法》第十三条规定：每年年初民政部汇总各代储单位情况后，按照上年实际储备物资金额的8%核定上年度的管理经费，报财政部审核后，由两部门联合下达。这种把管理经费数额核定与储备物资金额直接挂钩，按照储备物资金额的百分比进行提取的做法并不合适。除了没有考虑储备物资管理存在规模收益这一因素外，也没有考虑储备物资种类对管理费用的影响。同样金额的储备物资会由于种类不同而对应高低不等的管理费用，客观上存在金额相对小但管理费用相对高或金额相对大但管理费用相对低的储备物资。这意味着需要改变单纯按照储备物资金额的百分比来核定管理费的不合适做法。

表3-3　　　19个中央物资储备库2014~2018年管理费支出占
上年度储备物资总价值平均比率　　　　单位：%

库名	长沙	西宁	天津	郑州	昆明	哈尔滨	武汉	成都	格尔木
比率	9.2	8.09	7.85	7.51	6.75	6.65	6.44	6.31	5.99
库名	福州	沈阳	兰州	渭南	南宁	北京	拉萨	合肥	新疆
比率	5.87	5.56	5.52	4.36	3.73	3.42	3.32	5.98	5.93

资料来源：财政部相关司局。

（5）关于储备物资轮换的规定难以落实。储备物资的大规模轮换可以按市场化方式进行，卖旧换新，从理论上讲操作起来没什么问题，但必然涉及大量的成本费用开支，不解决成本费用开支的资金来源，很容易导致该轮换的物资没有轮换，进而可能导致物资因变质过期而浪费，降低储备物资管理效益。《中央救灾物资储备管理办法》并没有对救灾储备物资的轮换做出具体规定，这使得储备物资轮换缺少明确的行为依据。

3.2.2.2　从政府储备物资管理流程角度考察存在的问题

（1）筹资环节管理存在的问题：国家储备物资的目的主要是防范和化解突发事件蕴含的风险，以满足人民群众生活、生产正常需求，维护社会稳定，除此之外，即便没有突发事件，为了稳定供求关系，一些重要物资也需要安排物资储备，如春耕化肥储备。这两种不同的储备目的所对应的筹资形式并不相同。前者主要应依靠税收形式筹资，通过国家财政拨款解决储备资金来源；后者则可以通过市场渠道筹资，主要以银行贷款结合财政补助来解决储备资金来源。但是在实践中，带有救灾物资性质的储备却主要依靠银行信贷系统解决资金来源。如《国家救灾农药储备管理办法（暂行）》第十八条规定：相关银行在坚持信贷政策、保障资金安全的前提下，根据承储企业风险承受能力发放贷款，承储企业按时还本付息。第十九条规定：中央财政按照 1 年期贷款市场报价利率标准对国家救灾农药储备给予资金补助。这意味着作为救灾物资的农药仍然需要农民出价购买，从而没有考虑到农民在遭受严重病虫害侵袭时，支付能力已非常有限，对救灾农药储备而言，更合适的筹资形式是税收、筹资渠道是财政预算拨款。类似的情况是国家种子储备的用途实际也区分为两种情况：一是因自然灾害需要救灾备荒；二是要调剂市场供求关系。从应然意义上讲，前者应该通过税收筹资，以财政拨款解决资金来源，免费向灾民提供；后者可以通过银行信贷渠道解决资金来源，以有偿方式提供。而根据《国家救灾备荒种子储备补助经费管理办法》第十二条的规定，财政补助资金仅仅是用于承储单位在储备国家救灾备荒种子过程中发生的贮藏保管、种子检验、自然损耗、转商亏损或贷款贴息等费用。第十七条规定：国家救灾备荒种子调用价格不得高于出厂价，具体由调入方和调出方协商，调运费用由调入方承担。这意味着救灾种子也需要农民出价购买。《国家化肥商业储备管理办法》对调节市场供求关系性质的春耕肥储备和救灾肥储备也采取了类似做法：财政给予补助，承储企业主要通过信贷渠道筹资，都以有偿方式提供。其第六条规定：国家化肥商业储备任务由企业自愿承担并自负盈亏，所需资金可向中国农业发展银行等申请贷款解决，中央财政给予资金补助。第二十九条规定：春耕肥承储企业所需资金，可向中国农业发展银行等申请贷款支持。各银行在坚持信贷政策、合规办贷的前提下，根据承储企业风险承受能力，按照年度储备时间提供优惠、便捷的信贷支持，承储企业按时还本付息。中国农业发展银行对钾肥、救灾肥承储企业，提供政策性信贷支持。第三十条规定：中央财政对救灾肥、春耕肥承储企业给予贴息补助，补助标准分别按照承储货值、承储时间、贷款市场的 1 年期报价利率的 50%、100% 计算确定。

（2）购置环节管理存在的问题：为降低购置成本，我国政府储备物资购置通常采用公开招标的形式确定供应商，但对供应商的资格、资质予以严格限定，把过多的供应商排除在选择范围之外，从形式上看似乎有利于提高储备物资购置质量，但却大大缩小管理机构选择的范围和余地，最终并不一定有利于提高储备物资购置效益。另外，在评标时通常以报价最低作为评标依据，从而忽视了质量要求，导致价格低带来的收益远不及质量下降所造成的损失。

（3）存储环节管理存在的问题：一是依靠政府物资储备"独木撑天"，没有充分发挥社会储备作用。按照物资储备主体的不同，物资储备可分为政府储备和社会储备①两大类。二者的分工主要根据突发事件涉及范围及风险程度予以划分，只有涉及范围和风险程度超出企业、家庭承受能力时，才需要发挥政府物资储备的作用，但此时并不是政府储备对社会储备的替代，而是弥补社会储备存在的不足，社会储备仍然发挥基础性作用。但在实践中，二者的关系没有协调处理好，社会储备的作用没能充分发挥，加大了政府物资储备运作的压力。二是重视实物储备而忽视了合同协议储备和生产能力储备。目前政府储备物资无论是政府直接储备，还是由企业代储，都侧重实物储备，对合同协议储备和生产能力储备重视程度不够，这固然与实物储备自身所固有的优势有关，但实物储备也有其比较劣势，即便考虑到储备物资可以通过轮换避免过期变质而导致浪费，实物储备的成本仍然非常高昂，合同协议储备和生产能力储备降低储备成本的比较优势需要重视，但目前尚未建立起完善的应急物资市场储备与生产能力储备体系。一旦发生重大灾害，难以在较短时间内根据合同协议充分启动市场储备，同时也难以在较短时间内

---

① 社会储备主要包括在行政区划内的大型企事业单位为应对各类突发事件，特别是企业生产经营中可能出现的重大事故灾难，所进行的应急物资储备还包括应急物资的市场储备与生产能力储备。但上述储备现在基本上呈"各自为政"的状态，未能有效纳入政府的应急物资管理体系中。

充分启动生产能力储备，组织起社会力量进行有效生产，主要依靠实物储备还难以充分有效防范和化解风险。三是中央政府储备物资委托省级管理机构代管，不利于降低存储成本。分布于全国18个省（自治区、直辖市）的20座中央救灾物资储备库，无论是中央预算内投资建设的10座储备库，还是其他10座省级代储库（北京库为社会租赁库），都是既存储中央救灾物资，又存储省级救灾物资，虽然基本做到分仓存储，但从直接管理主体角度看，中央救灾物资与省级救灾物资混合存储的格局十分明显，公用经费、人员经费等费用开支在二者之间难以做到合理分担，不利于准确反映物资存储成本。中央库由国家粮食和物资储备管理局委托省级管理机构代管，加之中央库的布局分散于全国各地，国家粮食和物资储备管理局难以掌握充分信息，对省级代储库的相关信息掌握更为有限，其在并不直接掌握中央储备物资存储管理权的条件下需要负担存储费用开支，省级管理机构接受委托直接掌握管理权却不负担费用开支，这种权力与责任脱节的管理模式不利于降低储备物资存储成本。四是委托企业代储难以在企业物资储备与政府物资储备之间划出清晰界限，容易出现财政出资承担企业物资储备成本的局面；对企业代储强调按代储成本安排财政补助且补助标准不能随物价变动及时调整，代储企业几乎没有获利空间，代储积极性难以充分调动。

（4）使用环节管理存在的问题：一是对调拨使用的中央救灾储备物资所有权归属界定不当。《中央救灾物资储备管理办法》第十六条规定：调拨使用的救灾物资所有权归使用省份省级人民政府，作为省级救灾物资由使用省份省级人民政府民政部门会同同级财政部门管理，省级人民政府财政部门承担相应的管理经费。事实上，中央救灾储备物资即便被调拨使用，改变的只是使用权而不是所有权，如果所有权归属改变，其性质就不是中央救灾储备物资而是省级救灾储备物资了，这就模糊了中央与省级救灾储备物资的界限，何况所有权在产权体系中是根本性的权利归属，所有权派生占有权、支配权和使用权，把调拨使用的中央救灾储备物资所有权界定给使用省份省级人民政府意味着中央对该储备物资的后续管理都无从谈起。二是对中央救灾储备物资申请使用条件界定不合理。《中央救灾物资储备管理办法》第十四条规定：各省应对突发事件时，应先动用本省救灾物资，在本省救灾物资不足的情况下，可申请使用中央救灾储备物资。申请使用中央救灾物资应由省级人民政府民政部门商同级财政部门同意后，向民政部提出书面申请。书面申请的内容包括：自然灾害发生时间、地点、种类，转移安置人员或避灾人员数量；需用救灾物资种类、数量；本省救灾储备物资总量，已动用本省救灾储备物资数量；申请中央救灾物资数量等。根据受灾省的书面申请，结合重特大自然灾害生活救助资金的安排情况，民政部统筹确定调拨方案，向申请使用中央救灾物资的受灾省份省级人民政府民政部门、代储单位发出调拨通知，并抄送财政部和有关省级人民政府财政部门。该项规定意味着，使用中央救灾储备物资有三个先决条件：一是突发事件发生；二是先动用了本省救灾物资；三是本省救灾物资不足。这三个条件中后两个条件是不必要的，动用中央救灾储备物资的充分必要条件是：突发事件发生且波及范围超出了省级政府辖区或者危害程度超出了省级政府的承受能力。要求必须先动用省级救灾物资才能申请动用中央救灾物资，在突发事件发生、形势危急时会影响中央救灾储备物资使用的时效性；而在本省救灾物资不足的情况下才能申请使用中央救灾储备物资的规定，意味着如果本省救灾物资充足则不能申请，这会起到"鼓励落后、鞭策先进"的逆向选择效果。

（5）轮换环节管理存在的问题：救灾物资轮换一般应当通过市场化方式进行，并需要考虑储备物资有效使用年限及轮换次数以确定轮换时机。以市场化方式进行救灾物资轮换要求卖旧换新以防物资过保质期而浪费，在物资有效使用期内，越早轮换，越有利于提高销售价格，从而有利于增加轮换收益，但越早轮换，越需要增加轮换次数，这会增加轮换成本。边际收益递减，边际成本递增，在边际收益等于边际成本时，轮换的净收益达到最大值，轮换时机和轮换次数的确定达到最优。因此，救灾物资轮换管理需要强调根据物资有效使用年限合理选择轮换时机、确定轮换次数。但是，《中央救灾物资储备管理办法》并没有对救灾物资轮换做出具体规定。

（6）回收环节管理存在的问题：《中央救灾物资储备管理办法》第十八条规定：救灾物资使用结束后，未动用或者可回收的回收类中央救灾物资，由使用省份省级人民政府民政部门组织指导灾区民政等部门进行回收，经维修、清洗、消毒和整理后，作为省级救灾物资存储。对使用后没有回收价值的回收类中央救灾物资，由使用省份省级人民政府民政部门组织指导灾区人民政府民政等部门统一进行排查清理。对非回收类物资，发放给受灾人员使用后，不再进行回收。救灾物资回收过程中产生的维修、清洗、消毒和整理等费用，由使用省份省级人民政府财政部门统一安排。救灾物资在回收报废处置中产生的残值收入，按照国库集中收缴管理有关规定，缴入省级国库。回收工作完成后，使用省份省级人民政府民政部门应会同财政部门及时将救灾储备物资的使用、回收、损坏、报废情况以及储存地点和受益人数（次）报民政部和财政部。民政部和财政部继续予以跟踪考核。上述规定从形式上看责权利统一，并无瑕疵，但从实践角度考察，却难以做到该回收的救灾物资尽可能回收。因为省级政府是地方政府的最高行政级次，其通常需要委托市、县、乡基层政府具体开展回收工作，按照规定费用由省级财政统一安排。市、县、乡基层政府就成为救灾物资回收的代理人，其拥有信息优势，根据信息经济学基本理论，拥有信息优势的一方会利用信息优势实现自身利益最大化，这意味着省级政府回收救灾物资要付出较为昂贵的成本，当该成本高于回收收益时，放弃回收就是理性选择。因此，《中央救灾物资储备管理办法》第十八条规定将中央救灾物资的回收权让渡给省级政府，似乎是充分考虑了回收工作的难度而进行的理性选择，目的是尽可能做好物资回收工作，从社会角度尽可能避免物资浪费，但是却没有考虑到省级政府开展此项工作也有很大局限。合适的做法是对救灾物资回收尽可能实行属地管理，哪级政府辖区内使用救灾物资就由哪级政府组织回收，承担回收成本并享有回收收益。

3.2.3 政府储备物资"如何管"方面存在的问题

3.2.3.1 管理模式存在的问题

（1）从各管理主体之间的相互关系考察，我国政府储备物资管理模式存在的问题主要体现为分散管理的弊病较为明显。2018 年国家成立了应急管理部、国家粮食和物资储备局，按照政府部门职能分工，应急管理部组织编制国家应急总体预案和规划，指导各地区、各部门应对突发事件工作，推动应急预案体系建设和预案演练。建立灾情报告系统并统一发布灾情，统筹应急力量建设和物资储备并在救灾时统一调度，组织灾害救助体系建设，指导安全生产类、自然灾害类应急救援，承担国家应对特别重大灾害指挥部工作。显然，按照职能分工，应急管理部需负责应急储备物资的管理，但不少种类的应急储备物资，如防洪抗旱储备物资、救灾备荒种子储备物资以及化肥、农药等储备物资的管理事实上由其他部门负责，从而存在明显的多头管理、政出多门问题。国家粮食和物资储备局整合国家粮食局的职责，国家发改委组织实施国家战略物资收储、轮换和管理粮食、棉花和食糖储备等职责，以及民政部、商务部、国家能源局等部门组织实施战略和应急储备物资收储、轮换和日常管理职责后成立，这对强化政府储备物资管理无疑会发挥积极推动作用。但是目前看，这两个政府储备物资专门管理机构的设立并没有从根本上改变国家储备物资分散多头管理的基本格局。

（2）从不同级次政府物资储备在整个物资储备体系中的地位考察，地方政府特别是地方基层政府物资储备能力很弱。这体现在：一是仓库数量较少，仓容严重不足，远远不能满足地方政府储备物资仓储需求。二是存放储备物资的仓库布局不尽合理。省级政府掌握的应急储备物资仓库，除少数部门的物资储备仓库基本涵盖各市级政府外，大多数仓库布点集中在省会城市，储备地点的分布呈现向经济和交通相对发达地区集中的特点，区域布局不平衡明显。市级政府虽然建有一定数量的各类型仓库，但仓库布点散、小而杂，布局地理位置没有经过科学的规划，不利于日常的管理和物资的应急调度。三是地方政府现有的应急物资储备仓库，普遍存在着建设年限长、建设标准低、配套设施差等问题，有的甚至是租用的民房、改建的库房，其中部分仓库年久失修、门窗不全，存在漏雨、渗水等现象，在管理和安全上都达不到标准要求①。

（3）从物资是否由政府直接储备考察，我国政府物资储备采取了政府直接储备和委托企业代储相结合模式，但企业代储积极性没有调动起来，主要是财政补助力度较弱，基本按照企业代理直接成本予以补助，没有给予企业足够的盈利空间，企业代储的积极性难以调动。

（4）从政府储备物资所采用的形式考察，我国主要采用了实物储备形式，合同储备和生产能力储备形式发挥作用较小。目前，全国大多数省级政府尚未在本行政区划内建立起完善的应急物资合同储备与生产

① 丁烈云、喻发胜：省级政府应急物资储备现状与体制改革，公共管理高层论坛（第7辑）。

能力储备体系。这一方面，会加大对实物形态储备物资管理的工作量和工作难度；另一方面，一旦发生重大灾害，难以在较短时间内启动市场储备，同时也难以在较短时间内组织起社会力量进行有效生产，从而难以有效防范和化解各类风险。

3.2.3.2　管理手段存在的问题

（1）信息化管理手段存在的问题：政府储备物资管理是复杂系统工程，其管理职能长期分散于政府的各个职能部门，专业管理人才匮乏，特别是熟练掌握信息技术的高级管理人才严重短缺；基层储备物资管理机构和单位硬件设施老化，储备物资管理信息系统等软件开发相对滞后；条块分割的管理体制使我国储备物资管理的信息共享程度较差，无论是物资的购买还是调配，都呈现"各自为政"的状态，诸多制约因素使得政府储备物资管理的信息化手段运用严重滞后，大大削弱了政府的应急保障能力。

（2）会计核算手段存在的问题：一是实物账与会计账存在不一致问题。国家粮食和物资储备局办公室对账时发现，截至 2020 年 8 月底，救灾物资实物账价值 85845.17 万元，而会计账账面价值为 86285.87 万元，账实差距达到 440.70 万元。[①] 经初步分析，差异原因主要是实物管理以物资中标平均价计算，和会计账计价方式不统一，且实物账已核减了直接从企业调运的救灾物资。二是政府储备物资初始计量成本与真实成本的协调问题。政府储备物资计量成本要求与初始成本一致，政府储备物资发生的保管费、仓库租赁费等不计入成本，这看似很有道理，毕竟产品成本主要包括料、工、费（主要指完成产品生产过程中的各种直接耗费），政府储备物资在储备环节没有生产过程，但政府储备物资实际发生的保管费用金额往往较大，事实上构成储备物资真实成本的重要组成部分。因此，仅仅用初始购进成本核算政府储备物资并不足以反映其真实成本大小。三是物价上涨对政府储备价值计量的影响问题。近年来，物价上涨明显，按购进价格核算政府储备物资难以准确反映其真实价值，既不利于开展政府储备物资轮换工作，也对政府储备物资实施绩效管理造成障碍。

---

① 数据来自财政部相关司局收到的有关报告。

（3）预算管理手段存在的问题：一是统一的政府储备物资部门预算缺失。我国 2000 年即开始推行部门预算制度，强调一个部门、一本预算。2018 年 3 月国家粮食和物资储备局成立，旨在加强国家储备物资统筹管理，建立统一的国家物资储备体系，提升国家物资储备应对突发事件的能力，但由于国家储备物资事实上存在多头管理，所以国家粮食和物资储备局的部门预算并不能涵盖国家全部的物资储备支出，还有相当部分国家物资储备支出保留在多个相关职能部门的预算中，这意味着难以通过编制统一的政府储备物资部门预算来优化政府储备物资支出的规模和结构。二是根据基数法和可支配财力的多寡来确定政府储备物资支出指标，难以有效防范和化解突发事件蕴含风险。根据基数法来确定储备物资购置支出指标，不利于根据突发事件蕴含风险情况的变化相机调整，一方面不利于风险的防控和化解；另一方面也加大财政支出压力；而根据财力状况确定储备物资购置支出指标，虽然充分考虑了财政收支状况对支出指标确定的影响，防止过于加大财政支出压力的情况出现，但财力状况好时多安排，财力状况差时少安排，如此确定的储备物资支出指标并不利于突发事件蕴含风险的防控。

（4）绩效管理手段存在的问题：在《中央救灾物资储备管理办法》并没有对储备物资绩效管理做出明文规定，总体来看，政府储备物资的绩效管理还处于起步阶段。首先，缺少一套政府储备物资绩效评价指标体系，虽然近年来财政部和地方财政部门积极构建预算绩效评价指标体系，但政府储备物资绩效相对于一般的政府财政预算绩效评价具有特殊性，在运用通用评价指标体系开展政府储备物资绩效评价工作的同时，当务之急，还需针对政府储备物资的具体属性和特征设计个性化的评价指标体系。其次，政府储备物资运用绩效管理手段所涵盖的内容要全面，不但要评价管理绩效，还要评价政府储备物资的配置绩效，管理绩效评价结果可以和管理费拨付额度挂钩，以提高管理机构及人员工作的积极性；配置绩效评价也不应忽视，其评价结果可作为用于物资储备的资源在不同储备方向配置的依据。再次，政府储备物资绩效管理手段的运用还需要涵盖政府储备物资管理所包括的各个环节，政府储备物资管理作为一个完整的链条，至少包括政府储备物资的融资管理、购置管理、存储管理、轮换管理、调配使用管理、处置回收管理等多个环节，每个环节都具有个性特征，完整的政府储备物资绩效管理需要对各个环节都设计相应的评价指标体系并赋予每个环节的绩效评估以合适权重进而才能对整体绩效水平做出合理评估和判断，目前开展的绩效评价较为注重存储环节，强调对存储管理费用严格管控，但对其他环节的绩效水平重视程度不够。最后，受政府储备物资管理整体制度建设滞后的影响，政府储备物资绩效管理的制度依据还亟待健全。目前关于评估主体、评估客体、评估目标、评估依据、评估手段、评估模式及评估结果的运用等，还缺少应有的制度依据。

（5）奖惩管理手段存在的问题：奖优罚劣、奖勤罚懒是提高政府储备物资管理水平不可或缺的重要手段。当前的政府储备物资管理工作，无论是应急储备物资中的救灾物资储备管理，种子、化肥、农药等其他应急储备物资管理，还是粮食和重要农产品、煤炭等重要能源储备物资管理，都较为重视惩罚手段的运用，但是对奖励手段的运用较为忽视。在相关的作为管理依据的文件、规章中，几乎见不到有关奖励的规定，多数文件事实上只字不提。其实对做好政府储备物资管理工作而言，两种手段应相辅相成，都不可或缺。只重视惩罚手段而忽视奖励手段，只能有助于保证政府储备物资管理工作不出现大的差错，但却无助于促使其做得更好、更优秀。

3.2.3.3　管理依据存在的问题

管理依据健全可以保证政府储备管理师出有名、名正言顺。目前我国政府储备物资的管理依据整体看还不够健全。虽然国家发改委、应急管理部、财政部、民政部、农业农村部、国家粮食和物资储备局等相关职能部门都单独或联合出台了不少关于特定种类政府储备物资的管理规章，但作为政府管理制度体系的重要组成部分，其仍然存在亟待解决的问题，具体体现为：一是没有形成完整的制度体系，目前出台的制度规章与政府储备物资的多头管理相适应，整体看是支离破碎的，缺少对政府储备物资管理做出基础性、原则性规定的类似政府储备物资管理基本法性质的法律、法规；各项储备物资管理规章也缺少实施过程中所需要的细则和补充规定，作为一个制度体系总体呈"两头弱、中间强"的格局。二是立法层次低，作为管理依据，其权威性、规范性还有待提高。目前的管理依据几乎全部体现为政府各职能部门制定的文件、通知或规定，还没有体现为政府出台的条例，更没有上升到国家权力机关审

111

查通过的法律，这不利于提高政府储备物资管理的法治化、规范化程度。

3.2.3.4 储备物资管理与预算管理相结合方面存在的问题

1. 财政管理重收支管理，轻物资管理

长期以来，无论是财政理论界还是财政实际工作部门在财政管理工作中都是重视收支管理，对财政投资性支出所形成的资产及物资管理并没有给予足够重视。从理论上分析，出现这种情况的原因或许与财政界对财政概念的界定与理解有关。在我国，国家分配论对财政概念的界定一直占主导地位。按照国家分配论的观点，财政是以国家为主体的分配，包括收入筹集和支出安排两个方面，筹集上来的财政收入安排了财政支出，财政活动即宣告结束。根据对财政概念的这种理解，财政只是一种分配活动，财政投资性支出所形成的政府储备物资就不属于财政范畴，自然其管理也就不纳入财政管理的范围。但事实上，政府储备物资管理与政府财政收支管理关系极其密切。从应然角度分析，储备物资管理是政府财政管理不可或缺的重要组成部分。因为政府财政安排的储备支出要形成各种类型的储备物资，这些物资通常可以在多个财政年度稳定存在并发挥特定作用，因此财政储备支出的安排必须考虑存量物资的状况，在存量物资已能满足风险防范和化解需要的前提下，财政再安排物资储备性支出显然会导致部门、单位储备物资的闲置，这会导致物资储备支出资金使用效益低下。从实践角度考察，这与政府管理机构设置及管理职责权限划分有关。在传统体制下，政府财政安排的投资大部分为生产经营性投资，其形成的是生产经营性资产，为各个部门、产业、行业的国有企业所占有、使用。为了加强管理，政府按照产业、行业设立了相应的主管部门，由其负责对企业资产及其生产经营活动进行管理。财政部门只需根据国家计划部门制订的投资计划提供资金支持即可，财政管理基本体现为财政收支管理，资产管理并不构成财政部门的工作内容。虽然体制转轨后，客观经济形势已发生深刻变化，但主观认识的转变往往落后于客观形势的变化，长期以来，资产管理包括政府储备物资管理的地位仍然未能在财政管理工作中得到足够重视和体现。

2. 资产管理重生产经营性资产管理轻非生产经营性物资管理

由于传统体制几乎完全否定了市场在资源配置中的地位和作用，所

以面对社会成员对私人产品的需求，其必须通过政府投资建立大量的国有企业分门别类地生产提供各种各样的私人产品。于是在传统体制下政府投资建立了大量国有企业，形成了巨额的生产经营性国有资产。在政府资产总量中，生产经营性资产占有较大比重。相对非生产经营性的行政事业资产及政府储备物资资产，生产经营性国有资产管理与国计民生关系更为密切，基于抓主导矛盾的思路，政府以生产经营性国有资产的管理为资产管理工作的重点具有必然性、合理性。但是，随着我国经济体制的转轨和国有企业改革的深入，越来越多的国有企业从市场有效作用领域退出，特别是 20 世纪 90 年代随着国有企业"抓大放小"改革思路的实施，生产经营性国有资产在国有资产总量中所占比重下降，非生产经营性国有资产在政府资产总量中所占比重上升，这意味着我国政府资产管理的重点也需要相应调整。但是，在实践中，非生产经营性国有资产包括储备物资的管理却没有引起足够重视。从管理机构设置看，对生产经营性国有资产，国家成立了国有资产管理委员会或国资局进行管理，这些机构与财政部、财政局在行政上是平级的，即生产经营性国有资产的管理主体与财政部门平级，而非生产经营性国有资产则由财政部门的下属机构进行管理，储备物资则由国家粮食和物资储备局（副部级）管理，作为管理机构，其与生产经营性资产管理机构并不平级，这表明非生产经营国有资产包括政府储备物资的管理并没有摆到与生产经营性国有资产同等重要的位置。

3. 储备物资管理重存量物资管理轻增量物资管理

为了加强储备物资管理，各省储备物资管理机构一般都设立了储备物资管理信息系统，储备物资管理机构掌握了较为了充分的存量物资信息，便于加强对储备物资的购置、储存、调用及回收管理，但是对于储备物资的增量管理却成为薄弱环节。因为储备物资的增量通常要通过财政安排储备物资购置支出形成，而储备物资购置支出指标的确定和审核由预算机构负责。这意味着储备物资增量配置的规模及结构确定权事实上由预算机构掌握，由此导致在储备物资管理实践中，事实上把储备物资管理仅仅视作是对存量物资的管理，至于储备物资的增量管理，由于其通过储备物资购置支出的安排来实现，通常被视为预算机构的管理职权。预算机构安排的购置支出形成储备物资后，严格说实际是增量物资转变为存量物资后才纳入储备物资管理机构的管辖范围。因此储备物资管理机构实际上只是管理了存量物资，增量物资事实上没有纳入储备物资管理机构的职权范围。从储备物资管理理念上看，重点在于物资的后期管理和实物管理，对物资的前期配置管理、后期绩效评价以及对物资的价值管理等重大问题未给予足够重视。

4. 储备物资的增量管理与预算管理严重脱节

从应然的角度分析，储备物资的增量管理必须与预算管理紧密结合，或者说二者就是一个问题的两个方面。从财政预算管理的角度分析，储备物资购置支出作为投资性支出与消费性支出同为财政预算管理的两大块内容，二者在性质上存在明显区别，消费性支出主要体现为公用经费和人员经费支出，当年消耗完毕，每年都需要安排，因此确定收支指标一般采用基数法，即根据上年的支出指标结合当年的情况相机调整，由此可以保证消费性支出安排的连续性和稳定性；而储备物资购置支出的安排由于可以形成在多个财政年度连续稳定存在的物资，所以确定支出指标就不能采取基数法，即不能根据上年度支出指标来确定当年的支出指标，而必须根据存量物资状况来相机确定。因此，从财政预算管理的角度分析，储备物资管理与储备物资购置性支出的预算管理不可分割。从储备物资管理的角度分析，储备物资的增量管理是与存量储备物资管理同等重要的工作，其顺利开展必须以掌握储备物资购置支出指标的确定权为基本手段，不能确定储备物资购置支出的规模和结构事实上也就不能对储备物资的增量进行管理。因此，无论从财政预算管理还是从政府储备物资管理角度分析，储备物资购置支出的预算管理与储备物资管理都不可分割，二者必须紧密结合。但从实然角度考察，我国储备物资管理与预算管理严重脱节。储备物资管理机构负责管理储备物资，掌握较为充分的储备物资存量信息，但其无权决定储备物资购置支出指标；预算机构负责预算编制，其可以确定储备物资购置支出的规模和结构，有权审核确定部门、单位的储备物资购置支出指标，但其并不直接负责管理储备物资，因此并不掌握储备物资的存量信息。这使得储备物资的增量配置会带有相当程度的盲目性、随意性，不利于提高储备物资的配置使用绩效。这种储备物资管理与预算管理的严重脱节是当前我国财政预算管理与政府储备物资管理工作所亟待解决的现实问题。

3.3　我国政府储备物资管理存在问题的综合成因

3.3.1　历史因素的影响

任何事物的发展都是一个连续的过程，过去的选择会制约现在的选择，存在明显的"路径依赖"。我国目前的政府储备物资管理体系脱胎于过去的传统计划体制，注定会带有鲜明的传统体制的烙印。传统体制强调集权管理，呈现鲜明的"条条"管理特征，地方政府的职能部门主要对上级政府相应的职能部门负责，强调对口管理，信息以纵向传递为主。这是我国政府储备物资管理呈现多头管理、五龙治水格局的重要历史原因。

3.3.2　财力因素的影响

我国市场取向改革已进入"深水区"，处于攻坚克难阶段，改革难度明显加大，需要协调处理各种深层次矛盾和问题，财政作为国家治理基础和重要支柱，其地位的重要性体现得日益明显。虽然随着国家经济实力的增强，国家财力也日趋雄厚，但进入经济发展新常态后，我国经济增速明显放缓，国家财政收支格局也发生了明显变化，过去长期存在的财政收入超速增长（财政收入增长率远超经济增长率）局面难以维持，而各项保民生、保稳定、保增长的支出必须安排，财政支出压力加大，政府债务负担沉重、债务风险累积。在这样的背景下，政府财政难以拿出足够财力来完全满足政府储备物资的资金需求，这会制约政府储备物资的规模及政府储备物资管理费的开支水平，也会对政府储备物资的方式产生深刻影响。在政府能够用于物资储备的资金较为有限的条件下，一些本应通过预算支出提供资金来源的储备物资却不得不借助市场渠道凭借信用原则筹资；政府储备物资管理机构对代储企业的补助可能会仅限于成本补偿而难以给企业提供足够的利润空间。

3.3.3　主观因素的影响

经济人假设和信息不充分、不对称假设是管理活动所应坚持的基本假设。所有的政府储备物资管理机构和管理人员都应假定为经济人，其会在特定约束条件下利用自身的信息优势谋取利益。一般来说，政府储备物资储备库及管理人员具体从事物资仓储工作，其对物资实际仓储成本掌握相对充分的信息，为实现自身利益最大化，其会倾向于要求加大存储物资管理费用开支，我国中央救灾物资储备管理费占仓储物资价值比例几次大幅提高与此相关。在中央救灾物资使用上，之所以在《中央救灾物资储备管理办法》第十四条明确规定各省应对突发事件，应先动用本省物资，只有在本省救灾物资不足的情况下，才可申请动用中央救灾储备物资，在很大程度上就是考虑到省级储备物资管理机构作为经济人，出于维护自身利益会倾向于先使用中央储备物资，只有在中央储备物资不够用时才动用本省物资，从而加大中央物资储备使用压力。

3.3.4　技术因素的影响

储备物资的融资、购置、入库、储存、轮换、动用、调运、发放、处置、回收都是复杂的技术性工作，做好该项工作需要管理人员掌握预算、会计、信息、绩效等基本的技术手段并需具备一定工作经验。之所以在实际的政府储备物资管理工作中还存在诸多亟待解决的现实问题，在某种程度上与有关人员对技术手段的掌握和运用水平还有待提高有关，存在的问题有的是全局性问题，比如政府储备物资绩效管理手段的运用，并不是某个地区、某个管理机构、某些管理人员没有熟练掌握运用，而是从全国范围内考察，政府储备物资的绩效评估工作整体上还处于起步探索阶段；有的则是局部性问题，比如一般性技术手段如预算、会计手段的运用等，只是体现为某个地区、某个管理机构、某些管理人员不能熟练运用，但从全局考察则不存在这样的问题，因而相对容易解决。

3.3.5　自然因素的影响

我国的自然因素对政府储备物资管理有基础性影响。我国处于亚洲东部，幅员辽阔，人口众多，气候是世界上最为典型的季风气候，夏季高温多雨，冬季寒冷干燥，降水集中且年际变化大，因此相对世界其他国家，自然灾害极为频繁，几乎每年都有一些地区会出现严重的洪涝灾害。这意味着我国的政府储备物资管理中的应急救灾物资管理相对其他国家会更为重要。我国作为一个大国，要在全国范围内防范和化解突发事件蕴含风险，单纯依靠中央政府或单纯依靠地方政府来储备物资都是不可行的，必须构建、完善政府储备物资管理体制，合理划分管理权责，发挥不同级次政府的比较优势，通过不同级次政府的协调配合来防范和化解风险，这与一些国土面积狭小、人口较少、政府没有实行级次化管理的小国是完全不同的。

3.3.6　社会因素的影响

我国有着全世界规模最大的人口，占世界总人口的比重近1/4，这意味着我国防范和化解突发事件蕴含的各种风险和其他国家特别是一些中小国家相比有着显著区别。一些中小国家即便自身储备不足，在遭遇突发事件侵袭，风险无法有效防范和化解时，依靠其他国家的援助也不至于产生严重的社会问题。而我国则不同，一旦遭遇突发事件，比如粮食严重歉收，庞大的人口规模决定了其他国家的援助根本解决不了实际问题，即我国防范和化解突发事件风险，必须走自力更生的道路，这意味着我国政府储备物资管理相对其他国家更为重要。另外，我国社会保障制度还不太健全，长期以来，家庭保障在化解社会成员所面临的各种风险方面发挥着重要作用，但是随着我国人口老龄化进程的加快，家庭保障的功能严重弱化，这对我国政府储备物资管理工作提出了新的更高要求，只有更高的政府储备物资管理水平才能弥补我国社会保障、家庭保障等保障形式存在的局限和不足。

3.3.7 体制因素的影响

我国是单一制国家，历来强调中央政府的集中统一领导，因此作为国家经济管理体制重要组成部分的政府储备物资管理体制也呈现集权特征，比较典型的表现是某些物资储备基本是由中央政府有关职能部门为主体进行储备，地方政府相关职能部门予以配合，进而在全国范围内防范和化解突发事件蕴含风险，也就是说在政府储备物资体系构建、完善过程中呈现了较为明显的中央政府主导特征。但是，党和政府总结新中国成立以来体制构建的经验、教训，适应市场经济发展要求，在政府储备物资管理体制构建、完善过程中逐步开始强调集权与分权相结合、统一领导与分级管理相结合、公平与效率相结合，这会对我国政府储备物资管理体制的构建、完善产生基础性影响。

3.4 我国政府储备物资管理与预算管理脱节问题的成因

3.4.1 管理主体角度的原因分析

3.4.1.1 对基本假设前提认识不足

基本假设前提构成逻辑推理的基础，同时也直接影响对问题的基本判断。长期以来，储备物资管理的基本假设前提往往都暗含在论证过程中而没有明确强调。这使得问题的研究缺少统一的推论基础，有时可能会出现对某一问题有争论并且争论可能很激烈，但争论过来争论过去，最终却发现，争论的根源在于大家所持有的基本假设前提不同。显然，如果能首先明确研究的基本假设前提，就可以避免很多无谓的争论。因此，明确基本假设前提并在实践中不断检验假设前提的真实性、合理性，无论对加强储备物资管理问题的理论研究，还是对做好具体的储备物资管理工作都具有重要意义。目前在储备物资管理领域，对基本假设前提认识不到位主要体现在两个方面：

一是对经济人假设重视程度不够。经济人假设是经济学研究的基本假设，其强调所有的经济主体都是理性的，会在特定约束条件下追求自身利益最大化。其实这不仅是经济学的基本假设前提，在管理学中，经济人假设也非常重要。这在某种程度上也可以看作经济学和管理学联系紧密的原因。政府储备物资管理所涉及的有关主体，包括不同级次的政府、政府储备物资管理机构、预算机构及政府其他各个部门、单位及上述机构和单位的有关人员，都应视作经济人①。只有这样才能对储备物资管理中存在的诸多问题给出符合逻辑的解释。在储备物资管理实践中，由于对这个假设前提重视程度不够，经常可以发现：有些制度规定虽然看起来既符合效率原则，又符合公平原则，但落实起来却非常困难。比如，从理论上讲，政府储备物资管理机构可以在不同级次政府、同一级次政府不同部门、单位之间调剂储备物资，从而使储备物资的存量配置更加合理。这可以在一定程度上减轻通过增量储备物资配置来纠正存量储备物资配置不合理的压力，实际上有助于减少增量储备物资配置，减少对预算支出安排的压力，提高资金使用效益，从而有助于减轻储备物资管理与预算管理结合的工作难度。但是现实中，储备物资的调剂实施起来有一定难度，所能观察到的储备物资调剂，往往是上级政府储备物资管理机构对下级政府储备物资管理机构的划拨调剂，同级政府之间的储备物资调剂并不经常发生（这与突发事件发生时地方政府间在储备物质使用上的相互帮助并不是一回事。这里讲的储备物资调剂是仅从物资储备而言，是在没有突发事件发生时仅从储备物资管理角度讲的调剂，这种调剂的发生带有很大的偶然性）。因为作为利己的经济人，储备物资管理主体没有积极性把自己占有、支配的储备物资无偿调剂到其他的部门、单位（毕竟，调剂出储备物资对其不仅没有任何利益增

---

① 在公共选择学派创立之前，经济人假设只是用来分析私人部门经济主体的行为，认为企业、家庭是利己的经济人。对政府部门的从业人员则采用了政治人假设，认为其是追求公共利益最大化的，但这样一个假设对很多现实问题无法做出合理解释，究其原因，归根结底还是因为在假设前提下把应然和实然混同。从应然意义上讲，政府部门的从业人员当然应追求公共利益最大化，但应然和实然是有区别的，其应该追求公共利益最大化不等于其事实上在追求公共利益最大化。传统的对政府部门从业人员的政治人假设实际上是犯了把应然与实然混同的错误。公共选择学派用经济人假设来分析政府部门从业人员的行为，可以对很多以前所不好解释的显现给出合乎逻辑的解释，表明经济人假设完全也适用于分析政府部门从业人员的行为。

进，还要承担办理储备物资划拨手续所必须付出的成本）。因此，不通过合适的机制设计，储备物资管理机构之间事实上难以实现储备物资的调剂。再如对增量储备物资需求指标的确定，由于储备物资有关管理主体都是利己的经济人，在储备物资可以免费获取的情况下，他们会认为储备物资配置越多越好（除非配置的储备物资给其带来的边际效用已经为负，但这种情况出现的可能性极小）。因此，其即便掌握较为充分的存量储备物资，通常也会夸大自己的储备物资需求。因为这对储备物资管理相关主体来说并没有什么坏处，但由此却加大政府财政收支不平衡的压力。在这种情况下，只有强化储备物资管理与预算管理的结合工作，掌握较为充分的存量储备物资信息，确定严格的物资储备标准体系，才有助于抑制储备物资管理主体的机会主义行为。但是由于现实中对相关主体的经济人属性没有明确认定，事实上导致对相关主体夸大储备物资需求的动机和行为及由此导致的后果认识不足，也就弱化了对实现储备物资管理与预算管理紧密结合必要性、迫切性的认识，从而事实上对实现二者的结合造成了负面影响。还有储备物资相关管理主体与预算机构的配合问题，如果把二者都看成利他的政治人，追求公共利益最大化，那么无论是在目前的制度框架下，还是对制度进行大的改变和调整以实现储备物资管理与预算管理的结合，都不是太困难的事情。在目前制度框架下，储备物资管理机构直接负责管理储备物资，掌握更为充分的储备物资存量信息，为实现公共利益最大化，应认真核定并如实呈报存量信息，从而可为预算机构确定储备物资购置支出指标提供有利条件；如果对制度进行大的调整，由储备物资管理机构负责编制储备物资预算，这可以进一步提高政府储备物资预算编制的准确性、科学性，预算机构为实现公共利益最大化就不会因为自己的权力受到削弱、地位受到影响而抵制这样的制度调整。但是，这种把预算机构和储备物资管理机构都视作利他政治人的基本假设，却难以解释为什么实现预算管理与储备物资管理相结合事实上难以取得理想效果。而将二者视作利己的经济人，却容易做出合乎逻辑的解释。因为，储备物资管理机构作为利己的经济人，虽然掌握较为充分的储备物资信息，但其仍然会有积极性要求增加储备物资购置支出。毕竟，作为储备物资管理机构，其并不负责安排财政支出，不承担平衡财政收支的责任，这通常被认为是预算机构的分内之事。储备物资购置支出指标加大所带来的支出压力实际由预算机构承担。对于储备物资管理机构来说，形成更多的增量储备物资，加大储备物资规模，不仅自己承受的压力不增加，而且可以强化自己的管理地位和管理权限。因此，储备物资规模扩张以及储备物资管理中存在的物资闲置和浪费，与我们对储备物资管理工作所涉及主体的经济人属性认识不到位有直接关系。

二是对信息不充分、不对称假设认识不到位。信息是决策的基本依据，信息不充分会导致决策失误，信息不对称则会导致机会主义行为。如果预算机构可以掌握充分的储备物资信息，那么从理论上讲，实现预算管理与储备物资管理的结合就不成为问题。但是，在储备物资规模极其庞大、结构复杂、种类繁多的情况下，让预算机构既负责预算编制，又负责储备物资管理通常难以把工作做好。当然，在储备物资管理工作由储备物资管理机构负责的情况下，决策机构与执行机构之间仍然会存在明显的信息不对称，通过构建完善储备物资信息管理系统，可以在一定程度上缓解储备物资管理决策机构与执行机构之间存在的这种信息不对称。即在这样的条件下，有关主体利用自身的信息优势采取机会主义行为的可能性要小一些。也就是说，强调信息不充分、不对称假设可以对实现储备物资管理与预算管理相结合的必要性、迫切性认识得更为充分，能较为透彻地理解二者的结合对于克服这种信息不对称所带来的机会主义行为的影响所具有的意义。但是如果不强调信息不充分、不对称假设，那就意味着预算机构也可以掌握相对充分的储备物资信息，其也就没有必要与储备物资管理机构协调配合来共同完成储备物资购置支出指标的确定，但事实并非如此。无论是经济人假设，还是信息不充分、不对称假设，都是可以经得起实践检验的从现实中抽象出来的基本假设。强调这两大基本假设，有助于加深对储备物资管理和预算管理结合的重要性的认识和理解，有助于实现存量储备物资管理与增量储备物资管理的有机结合，进而有助于加强储备物资管理。反过来说，在储备物资管理和预算管理工作实践中，由于对经济人假设和信息不充分、不对称假设认识不到位，这一假设前提方面存在的局限成为导致储备物资管理与预算管理脱节的一个重要原因。

3.4.1.2　对储备物资管理与预算管理结合的重要性认识不足

各级政府、政府各职能部门及有关主体对预算管理与储备物资管理相结合的必要性、重要性认识不到位，成本意识和绩效责任意识还不够强。长期以来，财政管理工作主要强调收支管理，"重钱轻物""重购轻管"的倾向一直存在。在收入管理方面，税收收入是大头。收入管理的重点和主要的收入管理资源事实上都投向了税收。对非税收入的管理也主要侧重管理收费、基金、罚没收入等主要的非税收入形式。储备物资处置收入在非税收入中占比很小，几乎可以忽略不计，因此储备物资管理在收入预算管理中的地位、作用难以体现；在支出管理方面，重在保证支出的合规性。虽然也强调提高支出效益，要少花钱、多办事、事办好，但存在就支出论支出的倾向，没有意识到加强储备物资管理对提高支出效益的重要性。这与长期以来对财政概念的理解和界定有关。在我国占主导地位的国家分配论把财政理解为是一种分配活动，包括收入筹集和支出安排两大块内容。一旦支出安排完毕，财政分配活动即告终结。对于财政投资性支出中的物资储备购置支出所形成的储备物资没有给予足够关注，有意无意地把储备物资管理排除在财政管理范围之外。另外，对储备物资管理与预算管理结合的重要性认识不到位，在一定程度上也与过去较长时期储备物资管理与预算管理结合的必要性体现得不如现在这么明显有关。在传统体制下和改革开放后较长历史发展阶段，我国财政收支关系较为紧张①。在"先吃饭、后建设"的支出原则下，支出安排先保公用经费和人员经费，能够安排的投资性支出从总量上讲并不充裕。在用于投资的支出中，又倾向于用于国有企业投资，形成生产经营性资产。因此，在当时政府资产结构中，大部分资产体现为生产经营性资产，非生产经营性的储备物资所占比重偏低。换句话说，储备物资的总量相对政府职能实现和风险防范和化解需求而言是不足的。虽

---

① 在传统体制下，我国财政收支关系紧张固然与传统计划体制导致资源配置效率低下的弊端有直接关系，但也是高度集权的财政体制所导致的必然结果。在1980年以前，政府间财政管理权限的划分以集权为特征，地方收支并不挂钩，多收不见得能多支，少收不见得少支，地方政府收支关系体现为"以支定收，一年一变"。所以在当时，地方政府的积极性体现在要求中央增加支出指标，而不是体现在发展经济、广开财源、增加收入上。因此，在地方政府都要求增加支出指标，而没有积极性增加收入的条件下，整个国家的财政收支关系就高度紧张。改革开放后，从1980年开始推行分级包干体制。地方政府收支开始挂钩，其发展经济、增加收入的积极性被调动起来，但地方政府采用藏富于企业、藏富于民的做法挤占中央政府收入，导致"两个比重"下降，同时为了减轻改革阻力，政府承担了改革的成本，由此导致支出压力加大。因此，直到1994年分税制改革，国家财政收支关系紧张的局面一直没有得到实质性缓解。

然当时也存在储备物资的闲置，但总体还是呈短缺格局。短缺是主流，闲置是支流。换言之，通过加强储备物资存量管理，实现存量管理与增量管理即预算管理的结合，对节约储备物资购置性支出的余地并不大。所以，也就一直没有强调储备物资管理与预算管理的紧密结合。自1994年分税制改革后，财政体制得以理顺，两个比重下降的局面得以扭转。财政收入规模稳步扩张，财政收支关系紧张的局面得以缓解，政府得以在公共经济部门，包括行政、立法、司法机构、党派、社会团体、科学、教育、文化、体育、卫生等领域安排大量的投资性支出。这在一定程度上带有弥补历史欠账的意图，同时也导致储备物资购置支出规模扩张，存量储备物资规模增加。储备物资的闲置和使用低效带来的问题与过去相比不可同日而语。在这样的背景下，通过加强储备物资管理，充分挖掘存量储备物资的潜力来节约财政支出的余地变大，储备物资管理与预算管理结合的必要性才体现得非常迫切。

3.4.1.3　预算管理理念转变滞后

长期以来，我国的预算管理理念一直强调支出控制，把控制预算超支作为预算管理的重点，而对如何通过预算管理提高资源配置效率没有给予足够重视。这与传统体制的影响和制约有直接关系。在传统体制下，财政运作呈现集权格局，地方财政事实上并不掌握真正的决策权。财政体制设计采用"以支定收，一年一变"的办法来处理中央与地方的财政分配关系。地方财政收支实际上不挂钩，多收不见得多支，少收不见得少支。其能安排多少支出并不取决于筹集的收入而取决于中央核定的支出指标。因此，当时条件下地方财政发展经济、增加收入的积极性难以调动，而要求中央增加支出指标的积极性却非常高。中央面临财政收支关系高度紧张的格局。其必须通过预算管理加强支出控制，把控制预算超支作为预算管理的重点。另外在传统体制下，预算管理对效率的理解也是狭隘和片面的，事实上把效率和效益等同，不考虑资源配置的机会成本，只考虑投入产出关系，在投入一定的条件下追求产出最大化，这主要是对生产经营性投资支出而言，对非生产经营性的储备物资则无法考核投入产出率。在这样的背景下，储备物资管理工作就被简化为尽可能节约形成储备物资的非生产经营性的储备物资购置支出，至于如何根据储备物资存量情况合理安排预算支出来优化增量储备物资配置就难以纳入议事日程。随着经济体制转轨，预算作为重要的财政管理范畴，其地位、作用已发生明显变化，其不仅是控制约束政府支出的手段，也是政府优化资源配置的重要工具。根据储备物资存量状况，合理安排预算支出，优化增量储备物资配置，这不仅是实现预算优化资源配置功能的客观要求，而且也是加强储备物资管理工作的核心内容。但是由于人们的主观认识往往落后于实践的变化发展，截至目前，通过加强预算控制防止超支仍然是预算管理工作的重点，这种预算管理理念转变的滞后淡化了实现预算管理与储备物资管理紧密结合的必要性、迫切性，也弱化了储备物资管理工作的地位，成为导致储备物资管理与预算管理脱节的重要原因之一。

3.4.1.4 人才队伍建设滞后

就政府储备物资管理机构而言，相对预算管理机构，其管理人才的匮乏更为严重。在一些基层政府，受机构设置①及编制所限，负责管理储备物资的人员极其有限。众所周知，一级政府所需配置的储备物资往往规模大、结构复杂、种类多，做好储备物资管理是一技术要求高、工作压力大的繁重任务。匮乏的人才队伍使储备物资管理机构难以充分掌握储备物资购置、运输、储存、调用、回收、轮换、处置等各环节的信息，也没有足够的能力、精力与预算机构协调配合做好储备物资管理与预算管理的结合工作。即便储备物资管理机构并不缺编，人员配备到位，但长期存在的储备物资管理与预算管理分离的制度设计使这些人员对储备物资管理业务虽然较为熟悉，但对预算管理业务通常也较为生疏。对预算管理机构来说，由于预算管理一直作为财政管理的重点工作，所以其人员配备情况相对要好于储备物资管理机构，但受制度设计、繁重的预算管理工作及自身素质和专业背景的影响，其对储备物资管理业务多不熟悉。在财政管理实践中，既精通储备物资管理业务，又熟练掌握预算管理技巧、方法的人才相对稀缺，这在人才队伍建设方面对储备物资管理与预算管理相结合构成现实制约。

---

① 有的地方政府没有专门的储备物资管理机构，多数是代管、兼管，管理范围宽泛，难以集中精力做好储备物资管理。

3.4.2　财政体制角度的原因分析

3.4.2.1　财权上收、事权下划加大地方政府实现储备物资与预算管理结合的难度

我国自 1980 ~ 1993 年推行了"划分收支，分级包干"的体制。该体制实际是中央在处理与地方政府的财政分配关系时搞"承包"，按照确定的包干办法，地方政府保证了上交中央的收入，其余收入由地方政府支配使用。这就使地方财政收支挂钩，以收定支，从而充分调动了地方政府发展经济、增加收入的积极性。包干体制在思路上与在农村实行的"家庭联产承包经营责任制"及在城市对国营企业推行的"承包制"是一致的。按照当时的包干办法，中央与地方应实现互利共赢，因为地方政府发展经济、增加收入，地方政府可支配收入增加的同时，中央的分成收入也相应增加。但实际情况是，地方政府利用收入征管权挖挤中央收入，导致中央财政收入占全国财政总收入比例下降及财政收入占GDP 比例下降，预算外财政收支规模猛增，甚至一度超过预算内收支规模，财政职能被肢解和弱化。中央为理顺政府间财政分配关系，被迫进行分税制改革。

我国 1994 年推行的分税制改革采用了市场经济国家通行做法，依据市场经济条件下公共财政的基本原理，以政府间事权和支出责任的划分为前提，以政府间财权、收入主要是税权和税收收入的划分为核心内容，辅之以政府间转移支付制度来划分不同政府级次的财政管理权限。在分税制框架下，收入大头集中在中央。按照分税制规定的分税办法，税源比较集中、收入量比较大、征管难度比较小的税一般划为中央税或共享税，而共享税在分成比例上则向中央倾斜。在收入分配倾向于集中的同时，事权和支出责任呈下降趋势，支出大头集中在地方，由此在中央与地方之间形成了收支结构不对称的基本格局，地方政府财政收支平衡压力加大。

对地方政府来说，一方面面临较紧的财力约束，另一方面还要承受"自上而下"的考核压力，不得不参加政治"晋升锦标赛"，需要完成上级政府和组织下达的各项考核指标。在考核指标体系中，GDP 增长

率、义务教育达标率、公共服务均等化程度等通常占有较高权重，这自然会成为地方政府支出安排的重点，而物资储备支出在地方财政支出中占比较小，通常并不置于重要位置，由此导致物资储备支出规模偏小。政府物资储备预算的编制要实现规模优化、结构优化并能提高资金使用效益，在物资储备支出规模偏小的情况下，实现结构优化就缺少基础条件。通常规模优化是结构优化的必要条件，即实现了规模优化未必能实现结构优化，但规模优化若实现不了则结构优化就无从谈起。在宏观层次的规模和中观层次的结构都难以优化的条件下，微观层次的效益提高也就成为无源之水、无本之木。

3.4.2.2 专项资金加大地方政府实现储备物资管理与预算管理相结合的难度

我国 1994 年分税制改革后，随着财权上收、事权下划，中央对地方转移支付规模逐年扩张（见图 3-1）。地方政府必须依靠中央政府的转移支付才能实现财政收支平衡。各地方政府包括发达地区的地方政府对中央财政的转移支付都有一定程度依赖（见图 3-2）。越是经济欠发达地区，对中央财政转移支付依赖程度越高。

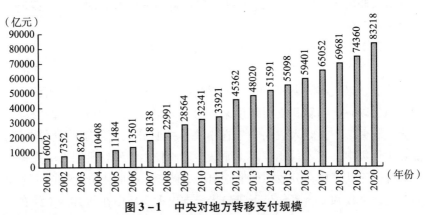

图 3-1 中央对地方转移支付规模

资料来源：《中国财政年鉴（2021）》及财政部官网数据。

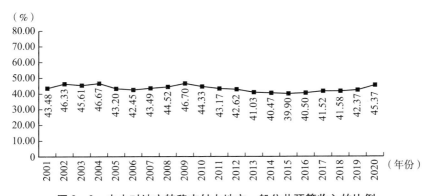

图 3 - 2　中央对地方转移支付占地方一般公共预算收入的比例

资料来源：《中国财政年鉴（2021）》及财政部官网数据。

　　中央财政对地方财政安排的转移支付大致可以分为两类：一类是一般性转移支付，这种转移支付通过因素计分法用公式测算，不规定资金用途，地方政府可以自主决定资金使用方向，即这部分资金的使用和地方政府通过地方税或非税收入形式筹集的收入的使用在性质上并没有什么差别。因此，其对地方政府储备物资管理与预算管理结合的影响就不具有体制方面的特殊性，在此不做分析。另一类则是专项转移支付，专项转移支付规定具体用途，甚至规定了具体的支出项目，地方政府必须在规定的用途范围内使用资金。在专项转移支付中，有一部分还需要地方政府提供配套资金，这对地方财政运作的影响，比不需要提供配套资金的专项转移支付还要大。

　　受传统体制的影响，专项转移支付在我国转移支付体系中的地位非常重要[①]。事实上成为地方政府储备物资形成的一个重要资金来源渠道，一定比例的储备物资是由专项资金形成的，因此，在专项资金管理工作中实现储备物资管理与预算管理紧密结合是一项重要工作任务。但是，对地方政府来说，按照目前的制度规定，在专项资金使用管理过程

127

————————

　　①　专项转移支付本质是"条条"分配的资金。其与地方政府掌握的可以自主决定资金使用方向的"块块"资金对应。对于"条条"资金，决策权在中央，地方政府只有执行权，其适应集权体制要求；"块块"资金决策权在地方，其适应分权体制要求。因此，随着体制转轨，我国逐步由集权体制转向分权体制，专项转移支付在转移支付中所占比例应逐步下降。但是由于改革滞后，专项转移支付在转移支付总量中所占比重仍然偏高。逐步降低专项转移支付在转移支付体系中所占比重成为新时期理顺财政体制的一项重要改革内容。

中实现预算管理与储备物资管理紧密结合有一定难度。

首先,专项资金下拨时间较晚,年初无法准确编制预算。我国2014年首次修订后的《预算法》第五十二条规定:各级预算经本级人民代表大会批准后,本级政府财政部门应当在二十日内向本级各部门批复预算。各部门应当在接到本级政府财政部门批复的本部门预算后十五日内向所属各单位批复单位预算。中央对地方的一般性转移支付应当在全国人民代表大会批准预算后三十日内正式下达。中央对地方的专项转移支付应当在全国人民代表大会批准预算后九十日内正式下达。省、自治区、直辖市政府接到中央一般性转移支付和专项转移支付后,应当在三十日内正式下达到本行政区域县级以上各级政府。县级以上地方各级预算安排对下级政府的一般性转移支付和专项转移支付,应当分别在本级人民代表大会批准预算后的三十日和六十日内正式下达。按照预算法上述规定,不难看出,中央对地方的专项转移支付最晚要在6月份才能下达到省级政府。因为全国人民代表大会一般是在三月份开会审批中央预算,全国人大审批预算后90日内下达专项转移支付,意味着省级政府拿到专项资金已到年中,省级政府在接到专项转移支付三十日内,下达到本行政区县级以上各级政府,这意味着省级以下各级政府拿到中央专项转移支付资金已到了下半年。试想,在预算已经执行了大半年的情况下,专项转移支付资金才到位,这意味着对地方政府来说,年初准确编制专项经费预算是不可能的。即便勉强编制,也会因预算与决算存在巨大偏差,事实上难以体现预算的规范性、权威性和严肃性。

其次,专项资金必须专款专用。专项资金以条条形式下达,用款单位必须按照规定用途使用资金。对部门、单位来说,他们只掌握专项资金的使用权而并不掌握决策权。专项资金的使用领域和方向、具体的项目安排、资金使用方式都主要取决于上级政府和组织的意图,而上级政府和组织做出专项资金分配决策时,对下级政府、部门、单位所面临的具体约束条件并不清楚,从储备物资管理的角度看,其并不掌握下级政府、部门具体储备物资配置情况及配置需求,所以从这个角度看,专项资金预算管理与储备物资管理的脱节带有必然性。即便上级政府和组织对专项资金的使用并没有做出过于明确具体的规定,但对资金的使用范围和方向还是要予以明确,否则就不能称之为专项转移支付。显然,这对掌握专项资金的地方政府、部门、单位来说,其即便掌握了解存量储备物资的配置情况，也无法改变专项资金使用方式，储备物资重复购置、闲置浪费的现象就难以避免。

3.4.3　管理手段角度的原因分析

3.4.3.1　各项制度还需规范完善

2006年财政部发布《行政单位国有资产管理暂行办法》和《事业单位国有资产管理暂行办法》，分别对行政单位和事业单位的资产管理明确了管理依据，行政事业资产管理与预算管理相结合作为一个基本的管理原则和目标被明确提出，但是这仅仅体现为一个原则性规定，还不够具体。储备物资作为行政事业资产的一个组成部分，其到底与预算管理在哪些方面结合、如何结合、各有关主体的权责关系如何处理，都没有做出明确规定。这导致相当长的时间，甚至直到目前，储备物资管理与预算管理的结合在各个地方政府都处于探索的过程中，尚未出台统一的制度规定。虽然政府储备物资作为行政事业资产的一个特殊组成部分，其具有行政事业资产的共性，从这个意义上讲，行政事业资产管理的有关条例、规定也适用于政府储备物资管理，但政府储备物资毕竟与一般意义上的行政事业资产存在明显区别，具有较为鲜明的个性特征。从这个角度讲，关于政府储备物资的管理，还有必要在行政事业资产管理有关条例、规定的基础上出台专门的制度规定，包括政府储备物资管理与预算管理的结合，也不宜简单套用行政事业资产管理与预算管理相结合的办法，而应该针对政府储备物资管理与预算管理相结合面临的实际问题采取专门对策。

3.4.3.2　储备物资管理信息系统还需强化

储备物资规模庞大、种类繁多、结构复杂，没有完善的储备物资管理信息系统，一级政府储备物资管理机构、相关职能部门和单位要掌握自己管理范围内的储备物资情况会有很大难度。近年来，各地方政府都在积极构建储备物资管理信息系统，以便可以较为及时、全面地了解掌握储备物资信息，但目前的储备物资管理信息系统还较为粗略，所反映的储备物资信息尚不够细致，更新也不够及时，据此信息来做出增量储备物资配置决策仍然会带有一定的盲目性，难以保证增量储备物资配置充分体现效率和公平原则。另外，目前的储备物资管理信息系统，就反映的内容看仍然不够全面，带有比较明显的就储备物资管理论储备物资管理的性质，其中体现得较为明显的问题是储备物资的融资信息没有反映出来。过去相当长的时间，储备物资的形成基本是靠政府财政拨款，所以基本不涉及债务，自然也就谈不上债务管理问题。但近年来，有些地方通过投融资平台以各种形式筹措资金，形成了大量隐性债务、或有债务，部分储备物资事实上以债务形式筹资，其所对应的债务负担有所加重。实现储备物资管理与预算管理相结合，客观上需要把储备物资所对应的隐性债务、或有债务在预算中得以反映和体现。这要求储备物资管理信息系统不能就储备物资论储备物资，还需要全面准确反映储备物资所对应的债务负担和债务风险。这些储备物资管理信息系统的薄弱环节还需要及时加以弥补。

3.4.3.3　储备物资配置标准体系尚待健全

财政储备物资增量预算的安排需要建立在存量储备物资的基础之上，毕竟储备物资购置支出的性质不同于消费性支出，其要形成一定数量的实物形态的储备物资。不掌握存量储备物资配置情况，事实上无法确定储备物资配置方向及不同方向储备物资配置的数量，因而也就难以合理编制储备物资增量预算。但是，掌握存量储备物资配置情况只是合理编制增量预算的必要条件，而不是充分条件。即便掌握了存量储备物资配置的有关信息，如果没有明确不同类别、不同性质的储备物资配置标准，也就无法判断存量储备物资配置是否合理，进而也就难以做到通过增量储备物资配置来弥补和纠正存量储备物资配置的不足。有了储备物资配置标准体系，对储备物资种类、数量、质量、价格等做出明晰规定，才可以为判断存量储备物资配置状态是否合理提供依据，这构成合理配置增量储备物资的基本条件。从这个意义上讲，确定储备物资配置标准也是实现储备物资管理与预算管理相结合的必要条件。但是，虽然财政部门预算机构和储备物资管理机构付出了很大努力，完备的储备物资配置标准体系仍然没能建立起来。因为这毕竟是一项涉及面广、影响因素多的复杂系统工程，需要付出长期努力，不可能一蹴而就。构建完备的储备物资配置标准体系难就难在不能"一刀切"。如果能"一刀切"，采用统一的储备物资配置标准，那么储备物资配置标准体系的构建乃至预算管理与储备物资管理的结合就变得轻而易举，但事实上这是不可能的。因为储备物资所需要防范和化解的风险在性质上存在明显差异，换言之，其所服务生产提供的公共产品种类不同，彼此之间不可比。不同的部门为了满足履行职能的需要，客观上需要掌握不同种类、不同数量、不同具体存在形式的储备物资以防范和化解不同性质的风险。因此，企图建立完全统一的储备物资配置标准体系事实上是不可能的。但毕竟共性寓于个性之中，防范和化解风险事实上总要占有、使用一定数量的通用储备物资，虽然建立一般意义上的涵盖全部储备物资的配置标准体系不可能，但建立通用储备物资配置标准体系还是完全可能的。由此需要解决的问题是：到底什么样的储备物资是通用性储备物资？什么样的储备物资是专用性储备物资？二者之间由于并不存在泾渭分明的界限，到底应如何界定还需在实践中探索，需要分析考察一种储备物资到底界定为通用性储备物资利大于弊，还是界定为专用性储备物资利大于弊。通用性储备物资配置标准应由储备物资管理机构和预算机构牵头，各个部门参与共同制定；专用性储备物资配置标准需要由各个部门牵头，部门内各个单位参与共同制定。另外，还需要明确建立不同层次的储备物资配置标准体系，根本的理由在于储备物资的通用性和专用性的区分不是绝对的，而是相对的。对于特定部门来说是通用性的储备物资，对一级政府来说就可能体现为专用性储备物资；反之亦然。另外，储备物资配置标准还应随着经济社会发展水平的提高、市场价格的变动、人民生活水平的提高以及事业发展等进行动态调整，以保证政府风险防范和化解职能顺利实现。由此不难看出，储备物资配置标准体系的构建不是一件容易的事情，不仅需要保证界定的储备物资配置标准能顺利实现一级政府及其所属部门所应履行的特定职能，还需要协调方方面面的利益分配关系。在全国范围看，储备物资配置标准体系的构建任重道远。没有系统的储备物资配置标准体系，储备物资管理与预算管理的结合事实上难以做到，或者即便勉强结合，也只能是形式上的而不可能是实质结合。从这个意义上讲，储备物资管理与预算管理紧密结合的基础和前提条件目前尚不完全具备，所以现实中二者没有实现紧密结合而是相互分离也就不难理解。

虽然各级政府都比较注重储备物资配置标准体系建设，但目前所设

131

计的储备物资配置标准体系多涉及通用性储备物资，各个部门立足各部门的实际情况所设计的储备物资配置标准体系还非常不完备。这就使按照目前的储备物资配置标准体系，只能对部分储备物资的配置情况是否合理做出判断，而判断整体储备物资配置情况是否合理还较为困难。

3.4.3.4　满足储备物资需求手段过于单一

现实中，对储备物资需求一般通过安排预算投资性支出予以满足。这是满足部门、单位储备物资需求手段过于单一的表现，同时也是储备物资管理与预算管理结合不到位的原因之一。具体体现在两个方面：

第一，储备物资管理过程中调剂情况很少出现。储备物资在多数情况下处于备用状态，储备的目的在于防患于未然。储备过程中的调剂和储备物资使用中的调剂是完全不同的。在遭遇突发事件侵袭时，不同级次政府、同一级次不同地方政府、同一地方政府不同部门之间调剂使用储备物资是经常发生的事情。但在物资储备管理过程中，物资调剂情况并不多见。从理论上讲，能够通过存量储备物资配置结构调整来满足的储备物资需求就没有必要安排增量储备物资配置，但现实中储备物资调剂几乎没有开展起来。经常出现的局面是：一方面，有的地方政府、有的部门、单位存在储备物资闲置；另一方面，有的地方政府、有的部门、单位储备物资短缺。即便在一个地方政府、一个部门、单位内部，一些储备物资闲置而另一些储备物资短缺即闲置与短缺并存的局面也经常出现。这种存量储备物资配置结构存在的问题如果能够通过储备物资调剂予以解决，就不会形成增量储备物资需求，但因为存量储备物资的调剂受种种因素制约难以顺利实施，政府、部门、单位的储备物资需求只能靠增量储备物资配置，由财政预算安排投资性支出予以满足，由此导致储备物资管理与预算管理脱节。

第二，储备物资共享、共用平台构建严重滞后。对一般的行政事业资产管理而言，有的大型设备、大型资产的确是多个部门、多个单位职能实现所必需的，但每个部门、每个单位的使用频率并不高。如果通过预算安排投资性支出为每个部门、单位配置该资产，那么对每个部门、单位来说，该资产的使用率都不高，这虽然不是严格意义上的资产绝对闲置，但的确是资产的相对闲置，没能做到物尽其用，降低了资产配置效益。合适的做法是构建部门、单位的资产共用平台，既满足部门、单位的资产需求，又提高资产利用率，从而节约预算资金，减轻预算机构平衡收支的工作压力。这种部门之间的资产共享、共用平台可以由财政部门行政事业资产管理机构和预算机构牵头、各有关部门参与设立；部门内部的资产共享、共用平台可由部门牵头，部门内部各有关单位参与设立。这既是提高资产使用效益的必然要求，也是实现资产管理与预算管理相结合的一项重要工作内容。当然，在资产和预算管理实践中，这种资产共享、共用平台的构建并不顺利。究其原因，与部门、单位过于关注局部个体利益而忽视整体公共利益有关。因为这些大型设备、大型资产虽然耗资巨大，但却是由财政出资提供，对部门、单位来说算是免费获取，价格为零，因而其需求量自然会扩张。从理论上讲，其对该资产、设备的需求量会达到消费的边际效用为零为止。由此带来的后果是本来可以通过资产共享、共用平台构建而节省的投资支出还必须通过预算一而再、再而三地安排。显然，这一方面是因为资产管理没有达到理想状态而对预算管理造成了负面影响，另一方面也是预算投资性支出的安排（部门、单位可以相对轻松地获取大型设备、资产的购置资金）制约了资产管理效益的提高，是导致资产管理与预算管理没有实现有效结合的一个重要因素。对政府储备物资来说，相对一般意义上的行政事业资产，其表现出明显的特殊性。与行政事业资产中的大型设备和资产，对部门、单位可能存在使用频率不高但的确在特定时间需要使用的情况有所不同，政府储备物资在正常情况都处于备用状态，这对中央政府、各地方政府、各个部门、单位都是一样的。面对这种情况，中央政府、各地方政府、各职能部门为了防范和化解同种性质的风险，都储备特定种类和特定数量的物资，会存在储备物资的重复配置，不利于提高政府物资储备支出的资金使用效益。合适的做法是纵向有分工，横向有储备物资共享、共用平台。但是，政府储备物资的共享共用平台的构建在我国基本还是一片空白。

3.4.3.5　违法违规处理还不到位

2015 年 1 月 1 日起实施的新预算法，对违反预算法的行为制定了较为严厉的处罚规定。其严厉程度远超 1994 年预算法。财政部出台的行政事业资产管理办法和规定也对违规行为制定了处罚规定。但是在预算管理与资产管理、储备物资管理的结合方面，相关法律、法规的规定却

133

不够具体明确。也就是说，在储备物资管理与预算管理相结合方面还缺少相应的法律、法规作为基本行为依据。有关主体想要在二者结合方面违法、违规都有一定难度。当然，实现储备物资管理与预算管理结合的法律、法规的缺位与二者结合本身的复杂性也有一定关系，即事实上要对二者的结合做出明确的法律规定有一定难度。比如，要实现二者的结合，要求必须根据存量储备物资情况来确定储备物资购置支出指标，在储备物资配置已能满足需要，甚至已经出现储备物资闲置的情况下，就不可要求增加购置性支出配置新的储备物资。但是，如何准确判定储备物资管理机构所占有、支配的储备物资已能满足需要？如何判定储备物资处于闲置状态？这既需要充分掌握存量储备物资信息，又需要建立完备的储备物资配置标准体系，这两个条件在现实中还都不能说完全具备，从而在具体操作中都有一定难度。因此，无论是储备物资管理机构还是预算机构，对执行机构夸大储备物资需求指标行为，事实上难以进行处罚。这对执行机构说，夸大储备物资需求指标最坏的结果也就是自己夸大的储备物资需求指标被压缩调整，如果被压缩的幅度小于自己夸大的幅度，自己就不仅没有遭受处罚而且事实上还得到了额外的利益，于是夸大储备物资需求指标实际上就成为只带来好处而不可能带来坏处的行为，那么夸大储备物资需求指标就会成为执行机构完全理性的做法，这难免要加大实现储备物资管理与预算管理结合的难度。再比如，按照规定，储备物资处置收益需要纳入预算，实行收支两条线管理。但是受储备物资处置收益较为分散、零星的制约，储备物资管理执行机构坐收坐支处置收益的行为一般不会招致严厉的处罚，由此导致在处置收益方面实现储备物资管理与预算管理结合也会有一定难度。

3.4.4　管理模式角度的原因分析

3.4.4.1　预算机构不管储备物资加大预算管理与储备物资管理脱节的可能性

通常认为，预算管理是政府财政管理最核心或最重要的组成部分。但是严格说来，预算本质上只是政府财政管理不可或缺的手段和制度安排，其作用的发挥必须和特定的财政活动内容结合起来。脱离特定的财政活动内容，预算本身并不能单独存在。预算总是体现为包含特定财政收支内容的预算。按照预算的完整性原则，所有的财政收支都必须纳入预算。这意味着政府预算管理涵盖财政工作的方方面面，极其复杂。在"两上两下"的预算编制程序中，预算管理机构需要对单位、部门汇总上报的支出指标进行审核、调整。由于一级政府所属部门、单位数量极其庞大，因此预算收支指标审核、调整的工作量相当大。在具体编制环节，预算管理机构需要把各个部门的预算草案汇总以编制一级政府本级预算草案。预算草案经人大审批后，还需要在规定时间批复部门预算。在预算执行过程中，还要和收入征管部门、国库部门密切配合，一方面保证预算收入及时足额入库；另一方面还要保证预算支出安排能做到按计划拨款、按预算拨款、按进度拨款，必要时还需进行预算调整，编制预算调整计划。预算管理的复杂性、专业性、技术性客观上要求有一专门机构来负责预算管理。对这个机构来说，其不仅需要管理预算支出，还需要管理预算收入；其不仅需要管理收支流量，还需要管理作为存量的政府资产包括政府储备物资。这既是预算完整性原则的必然要求，也是保证政府顺利实现其职能的需要。但在现实中，预算机构只是对财政收支流量进行管理，对作为存量的行政事业资产包括储备物资管理则由资产管理机构和储备物资管理机构负责。这种收支流量管理与资产、储备物资存量管理分别由不同机构分工负责的管理模式，虽然具备发挥分工和比较优势原理作用的优点，但其缺点也是显而易见的。这集中体现为其从管理内容上肢解了预算机构的职能。对预算机构来说，由于其不管资产及储备物资，所以其事实上难以充分掌握存量资产及储备物资的信息，因而也就无从判断资产、储备物资需求指标是否合理。受信息不充分、不对称因素的制约，形成增量储备物资的一般公共预算储备物资购置支出指标的分配和确定难免会出现道德风险和逆向选择，从而难以优化储备物资增量配置，降低财政运作效率。虽然从理论上讲，为了合理确定储备物资购置支出指标，预算机构可以与储备物资管理机构及其他职能部门、财政部门各司（处）协调配合，弥补自身信息不足的劣势，但是如果这种协调配合受交易成本的制约不能充分到位，那么储备物资管理与预算管理脱节就是难以避免的事情。

3.4.4.2 储备物资机构不管预算加大储备物资管理与预算管理脱节的可能性

储备物资管理是政府财政管理的重要组成部分。从财政运作过程考察，财政管理可以划分为作为流量的收支管理和作为存量的资产管理包括储备物资管理两大部分。由于收支与储备物资性质差异的客观存在，二者在管理上遵循着不同的规律。就管理的复杂程度看，储备物资管理并不逊色于收支流量管理。由于储备物资具有可长期存在的性质，规模庞大的储备物资分布于各级政府、政府的各个部门、各个单位，结构复杂，形式多样，而且不同部门、单位所占有、支配的储备物资的规模、结构、形式等都存在明显的个性差别。随着时间推移，这种储备物资规模、结构和存在形式还处于动态的变化调整过程中。因此，管好、用好存量储备物资是技术含量要求高的工作。存量储备物资管理与增量储备物资管理必须紧密结合，这一方面体现为存量储备物资配置是增量储备物资配置的基础，另一方面也体现为存量储备物资配置存在的问题需要增量储备物资配置予以弥补和纠正。因此，做好储备物资管理工作，不仅要做好存量储备物资管理，还需要做好储备物资的增量管理。这就要求管理主体不但要掌握存量储备物资的配置情况，还需要掌握增量储备物资需求，然后根据存量储备物资的配置情况，结合储备物资配置标准的确定，才能做出合理的增量储备物资配置决策。虽然储备物资配置管理是储备物资管理的核心内容和最重要的组成部分，但储备物资管理并不是仅仅包括储备物资配置管理，除此之外，还需要对储备物资的购置、运输、储存、使用、轮换、处置等各环节进行管理。因此，储备物资管理也是一复杂系统工程，客观上也需要由专门的机构进行管理。但现实中，储备物资管理机构事实上只是管理了储备物资存量，储备物资的增量配置主要由预算机构通过确定储备物资购置性支出指标确定，即增量配置管理权事实上掌握在预算机构手中。从这个意义上讲，储备物资管理机构的职能又被预算机构所肢解，其并不掌握完整的储备物资管理权限。虽然从理论上讲，为了做好储备物资增量管理工作，储备物资管理机构可以通过与预算机构协调配合，来解决存量储备物资与增量储备物资管理的脱节问题，但这就需要付出交易成本。在协调配合工作开展不到位的情况下，储备物资管理与预算管理脱节也就成为难以避免的现象。

总之，预算管理和储备物资管理各自所具有的复杂性虽然决定了实践中预算管理和储备物资管理分别由不同机构负责管理的模式具有一定的必然性、合理性，但也由此加大了预算管理与储备物资管理脱节的可能性。如果预算管理和储备物资管理可以统一于一个机构，进而按照管理的具体内容在机构内部进行分工，则即便不能由此保证二者的管理就一定不脱节，但至少可以使二者结合的难度变小，脱节的概率降低。

3.4.5　制度变迁角度的原因分析

3.4.5.1　传统体制下储备物资管理与预算管理脱节问题并不严重

在传统体制下，政府财政既要配置资源，生产提供公共产品，满足公共需要，还要配置资源生产提供私人产品，满足私人需要，因此财政部门安排投资性支出时侧重安排生产经营性投资，这块资金实际上是切给国家计委，由其在根据产业、行业设置的国家各个部委之间分配投资资金，"条条"化的垂直管理使其能够掌握较为充分的企业存量资产信息，对企业增量资产需求信息的合理程度也能够做出相对准确的判断。因此在传统体制下，生产经营性资产增量配置的预算管理与存量资产管理脱节问题并不严重。在传统体制下，非生产经营性的行政事业单位投资安排的规模相对较小，所形成的行政事业资产规模不可和当今同日而语，与之对应，储备物资规模也相对较小，所以在增量资产包括储备物资预算编制由预算机构负责，其并不掌握较为充分的存量资产包括储备物资信息的条件下，预算管理和资产及储备物资管理的脱节问题当然也存在，但由于非生产经营性投资在政府投资总量中所占比重较低，储备物资规模相对较小，结构也相对简单，闲置情况较少出现，因此储备物资管理与预算管理脱节问题并不很严重，还不是制约财政正常运作和影响财政支出效率的亟待解决的现实问题。

3.4.5.2　体制转轨要求加强储备物资管理与预算管理的结合

但随着经济体制的转轨，社会经济发展水平的提高，生产的社会化程度越来越高，社会公共需要在总的需要中所占比例和份额加大，财政安排的非生产经营性投资规模越来越大，与此相对应就形成了规模庞大的行政事业资产及存量储备物资，这表明行政事业资产包括政府储备物资管理问题在财政管理工作中的地位发生了明显变化。政府财政的资产管理越来越倾向于非生产经营性的行政事业资产管理。生产经营性资产的大部分，处于市场有效作用领域，无论是为形成资产而进行的融资，还是资产形成过程的投资以及资产形成以后的运营和处置，主要交由市场机制自发调节。在政府资产体系中，非生产经营性的行政事业资产所占比重不断提高，行政事业资产管理日益成为政府资产管理工作的大头。在这样的背景下，政府储备物资作为行政事业资产的重要组成部分，其地位也日趋重要。储备物资管理与预算管理的脱节对财政的正常运作以及对公共产品和服务供给质量的负面影响就表现得越来越明显，从而客观上需要强化储备物资管理与预算管理的结合。

3.4.5.3　路径依赖制约储备物资管理与预算管理的结合

在制度变迁过程中，过去的选择会制约现在的选择，此之谓路径依赖。预算机构负责预算编制的制度安排根深蒂固，其不仅负责安排消费性支出包括公用经费和人员经费，而且负责安排投资性支出。不仅我国选择了这样的制度安排，西方国家也大致如此。长期以来在财政管理实践中，制度一直就是这么设计和运作的，打破目前的制度，设计一套新的制度涉及制度变迁，涉及既得利益分配格局的调整①，操作起来难度甚大。比如，从理论上讲，由储备物资管理机构掌握政府储备物资购置支出的资金分配权，有助于从根本上解决储备物资管理与预算管理的脱节问题。毕竟储备物资管理机构掌握较为充分的存量储备物资信息，其

---

①　一般认为，改革一旦触及既得利益分配格局的调整，难度就会明显加大。我国目前的改革进入"深水区"和"攻坚阶段"在很大程度上就是因为前期的改革是按照"帕累托增进标准"进行的，即在不损害一部分人利益的前提下去增加另外一些人的利益，所以改革的难度较小，比较容易推进。但在改革进行到一定程度时，继续深化改革就涉及既得利益分配格局的调整，所以改革的阻力和难度明显加大。

可以相对准确地判断增量储备物资需求信息的真实性、合理性，进而可以相对有效地分配、安排财政非生产经营性投资中的储备物资购置支出，进而优化增量储备物资配置。但是，这样的制度调整显然要改变既得利益分配格局，在预算机构看来，这是对其预算资金分配权的肢解，通常会遭到强有力的抵制①。

139

①　涉及既得利益分配格局调整的改革进程的推进往往需要借助"倒逼机制"实现，即改革已不是主观上想改，而是客观上不得不改。只有不改革所付出的代价更为惨重以致超出主体所能承受的程度，此时改革才能艰难推进。经济学家樊纲对通过"倒逼机制"实现的改革做出过形象表述：这类似外科大夫拿刀给别人做手术，下手相当痛快，而一旦自己需要开刀动手术，那下手就会相当困难。

第4章　强化我国政府储备物资管理的对策建议

4.1　强化我国政府储备物资管理的目标、原则和思路

4.1.1　强化我国政府储备物资管理的目标

强化我国政府储备物资管理的目标可以概括为三个方面：一是明确统一的政府储备物资管理决策主体和执行主体，打破多头管理、五龙治水格局，在不同级次政府间、同一政府级次不同职能部门间合理划分管理权限，做到各司其职、各负其责，解决好"谁来管"的问题；二是优化政府储备物资管理的规模、结构、效益，规范政府储备物资的融资、购置、存储、轮换、调运、使用、处置、回收管理，解决好"管什么"的问题；三是确定合理的管理方式，选择合理的储备模式，采用科学的管理手段，健全管理的行为依据，解决好"如何管"的问题。

4.1.2　强化我国政府储备物资管理的原则

4.1.2.1　统一领导与分级管理相结合

我国是中国共产党领导的人民民主专政的社会主义国家，必须维护中央政府的集中统一领导地位，整个国家的政府储备物资管理的基本框

架和制度、体制设计需要由中央政府确定。就一级政府来说，需要设立统一的代表该级政府履行政府储备物资管理职能的机构，通过强调统一领导，充分发挥中央政府和政府储备物资主管机构的积极性、主动性、创造性。同时，也应该强调我国是一个地区差异明显的大国，必须建立政府储备物资的分级管理制度，在中央政府设计、构建的政府储备物资管理的基本框架和制度安排下，各级政府应根据当地实际情况设计、构建、完善各自辖区内的政府储备管理制度，设立代表本级政府履行政府储备物资管理职能的机构，通过强调分级管理，可以充分发挥地方各级政府及其储备物资管理机构的积极性、主动性、创造性，毕竟，地方政府管理其辖区内的储备物资具有信息优势。相对中央政府，其更了解辖区内政府储备物资需求信息，到底储备什么种类的物资、储备多少、如何储备才能有效防范和化解辖区民众所面临的风险，其比中央政府更有发言权。因此，强化我国政府储备物资管理在强调维护中央政府统一领导地位的同时，也必须强调分级管理的重要性，做到统一领导与分级管理相结合。

4.1.2.2　事权划分与支出责任划分相结合

141

政府储备物资在不同级次政府间划分事权需要以储备物资所要防范、化解的突发事件风险波及范围及危害程度为基本依据。如果突发事件的波及范围没有超出一级政府辖区，危害程度也没有超出该级政府的承受能力，那么就应由该级政府掌握防范和化解此类突发事件风险的储备物资的管理权，到底应储备什么种类的物资、储备多少、怎么储备、怎么使用，都应由该级政府决策，与之对应，物资储备所需要资金也要由该级政府负责安排，承担相应的支出责任，这符合利益获取和成本分担对称的公平原则。一旦突发事件波及范围超出一级政府辖区，或者危害程度超出了一级政府的承受能力，就需要考虑由上级政府来承担相应的事权和支出责任。但是，这并不意味着一旦突发事件波及范围超出一级政府辖区，或者危害程度超出了一级政府的承受能力，就必须由上级政府承担全部的储备物资管理事权及支出责任。有时突发事件波及范围超出了一级政府辖区，但超出范围较为有限，即波及范围主要还是局限在该级政府辖区；或者危害程度虽然超出该级政府承受能力，但超出程度并不高，在这种情况下，按照"就近一致"原则还是应由该级政府承担相应的储备物资管理事权并承担支出责任。从理论上讲，突发事件波及范围有大有小，存在明显的多样性，而政府级次却较为有限，我国有五级政府，在世界范围内考察已经是政府级次较多的，尽管如此，仍然面临突发事件波及范围变化的多样性与政府级次有限性之间的矛盾，这会给政府储备物资管理在不同级次政府间做到事权划分与支出责任划分相结合带来一定难度，因此只能是在最优目标实现不了的情况下，按照"就近一致"原则实现次优目标。

4.1.2.3 政府主导与社会辅助相结合

政府储备物资管理当然需要发挥政府的主导作用，但并不排斥非政府主体在储备物资管理运作过程中发挥辅助作用。这在储备形式上表现为政府物资储备和非政府部门物资储备的分工与配合。一般来说，若突发事件波及范围小、危害程度轻，没有超出企业、家庭承受能力，此时需发挥非政府物资储备的作用，反之，突发事件波及范围大、危害程度重，超出了企业、家庭承受能力，就需要发挥基层政府物资储备的作用。如果超出了基层政府承受能力，则需要发挥高层政府乃至中央政府物资储备的作用。在筹资的资金来源上，政府主导意味着政府财政要为储备物资的管理运作提供基本资金来源，但并不排斥在某类储备物资或储备的某个环节借助市场机制通过银行信贷渠道或者由单位、个人出资获取资金来源。强化储备物资管理政府主导与社会辅助相结合，也体现了在突发事件蕴含风险的防范与化解方面政府与市场关系的处理与协调。政府没有必要把突发事件蕴含风险的防范与化解完全包下来。在风险程度没有超出微观经济主体承受能力的条件下，政府把突发事件蕴含风险防范与化解完全包下来，严格是政府的"越位"；当然，在风险程度已经超出微观主体承受能力的条件下，政府仍然不通过政府储备物资管理防范和化解风险，则是政府的"缺位"。由于突发事件蕴含风险超过微观主体承受能力的概率相对高，所以我国强化储备物资的管理应强调政府主导与社会辅助相结合。

4.1.2.4 集中储备与分散储备相结合

对于高层政府来说，其辖区面积相对较大，比如中央政府的辖区范围覆盖全国，其储备物资的空间布局必然涉及集中与分散的关系处理问题，一般来说，空间布局越集中越能实现物资储备的规模收益，降低储备平均成本，但由此会加大储备物资的运输成本并对物资使用的时效性产生不利影响；空间布局越分散越有助于降低物资运输成本并能保证物资使用的时效性，但却难以实现物资储备的规模收益，会提高储备平均成本。总之，集中储备与分散储备各有得失，因此应实现二者的有机结合，实现政府储备物资管理运作总成本最小。另外，从不同级次政府间关系考察，中央政府相对地方政府、高层地方政府相对基层地方政府，其物资储备的集中性体现得更为明显一些。甚至可以说，政府级次越高，物资储备的集中性从整体看体现得越明显；政府级次越低，物资储备的分散性从整体看体现得越明显。从这个角度讲的集中储备与分散储备相结合，实际是强调政府储备物资管理应理顺不同级次政府的关系，发挥不同级次政府的比较优势，在集权管理与分权管理之间实现恰当均衡。

4.1.2.5　综合储备与专业储备相结合

综合储备是指一个储备管理机构、一套人马管理多种储备物资，其有助于精简机构，减少管理人员数量，从而节约公用经费和人员经费，降低管理成本，但却难以对不同种类物资实行精准化、分门别类地管理，管理专业化水平会比较低；专业储备是对不同种类的储备物资分别设立不同的管理机构，配备不同的人员进行专门化管理，这意味着需要增设机构、增配人员，从而增加公用经费和人员经费开支，提高管理成本，但却可以实现对不同种类物资的精准化管理，提高管理的针对性和专业化水平。两种管理模式各有得失，需要针对不同种类的储备物资的具体性质相机确定，做到综合储备与专业储备相结合。一般来说，通用性政府储备物资适合采用综合储备，此时因精简机构、减少人员带来的收益大于管理专业化水平降低所造成的损失，从而可实现利益增进；若通用性政府储备物资采用专业储备则得不偿失，因为此时管理专业化水平提高带来的收益不足以抵补因机构人员增加所增加的成本。专用性政府储备物资适合采用专业储备，此时管理专业化水平提高带来的收益大于机构人员数增加所增加的成本；若专用性政府储备物资采用综合储备则得不偿失，因为此时机构人员减少带来的收益不足以抵补专业水平降低所造成的损失。

143

4.1.3 强化我国政府储备物资管理的思路

强化我国政府储备物资管理应坚持的思路是：在明确目标和原则基础上，针对政府储备物资管理存在的问题，抓住重点，针对问题症结，结合面临的现实约束条件，采取针对性、可操作性强的对策，走渐进式强化道路，解决好政府储备物资"谁来管""管什么""如何管"三大问题。

4.2 解决"谁来管"问题的对策

4.2.1 理顺政府储备物资管理主体间关系的对策

从应然意义上讲，政府储备物资管理主体应具有统一性，分散多头管理不符合强化储备物资管理的基本原则要求。从这个意义上讲，国家成立的应急管理部应是代表政府履行应急储备物资管理职能的决策机构，但除应急储备物资外，还有粮食和重要农产品、煤炭等重要能源、战略性矿产品和关键性原材料三大类储备物资。受多种因素制约，我国政府储备物资事实上呈多头管理格局，国家发改委、农业农村部、中华供销合作总社、财政部、商务部等众多的职能部门都掌握或参与了特定种类储备物资的管理。从治本的意义上解决政府储备物资多头管理问题，应把原民政部掌握的中央救灾储备物资管理权移交应急管理部和国家粮食和物资储备局的思路贯彻到底，对分散在其他政府职能部门的应急储备物资管理权也逐步移交应急管理部及国家粮食和物资储备局[①]。在此基础上，可明确由国家发展改革委对四大类政府储备物资实施统筹管理，国家粮食和物资储备局作为具体管理政府储备物资实物的执行机构。这会涉及政府机构改革和隶属关系调整，会触及一些职能部门的既

---

① 改革到位后，国家粮食和物资储备局的名称可以调整为"国家物资储备局"，因为粮食储备是我国物资储备的一项内容，之所以在机构名称中单独列出，是因为机构改革过程中保持新旧机构之间联结关系的需要，一旦改革到位，就可以采用更为规范的名称。

得利益，难以一步到位。

目前可以采用的对策是在不能实现实质性政府储备物资统一管理的条件下，可以先实现形式上的统一管理。具体做法是把目前分散在各个部门的储备物资计划、预算及执行情况，在报送财政部门的同时，报送国家发展改革委，国家发展改革委商财政部汇总国家总的物资储备计划、编制物资储备预算并掌握计划及预算执行情况，由此可反映国家总的物资储备规模和结构，解决分散多头管理条件下无从掌握物资储备规模和结构情况的问题，为优化物资储备规模和结构奠定基础条件。

作为过渡性改革措施，可以先把专业性不是太强，涉及利益关系不是太复杂的储备物资管理权划归一个部门统一管理，比如由应急管理部、国家粮食和物资储备局负责大部分应急储备物资管理，其余应急储备物资管理权暂时由原职能部门掌握，形成应急储备物资综合管理与分散管理相结合的格局，待时机成熟，再将其纳入应急管理部、国家粮食和物资储备管理局管理系统，实现应急储备物资的统一管理。按照这一思路，其他三大类储备物资也可以逐步实现由综合管理与分散管理相结合向统一管理的渐进式转变。在四大类政府储备物资都能分别实现统一管理的基础上，再实现国家发展改革委对整体意义上的政府储备物资的统一管理就相对容易。

经过渐进式的改革调整，最终形成的政府储备物资管理主体的基本格局是：国家发展改革委代表国家履行对政府储备物资实行统一管理的职权，其他部门在国家发展改革委的统一领导下分工负责特定种类政府储备物资的管理。防范和化解突发事件蕴含风险的通用性储备物资由国家应急管理部负责管理；其他部门按照部门性质与储备物资性质的对应关系掌握特定种类储备物资的管理权。比如，水利部门掌握防洪、抗旱储备物资管理权；农业农村部掌握化肥、农药、种子等农业储备物资管理权；卫生部门掌握药品、疫苗等卫生储备物资管理权，等等。

4.2.2　合理划分不同级次政府间储备物资管理权限

（1）确定合理划分不同级次政府间储备物资管理权限的基本思路。

目前《中央救灾物资储备管理办法》第十四条规定：各省应对突发事件时，应先动用本省救灾物资，在本省救灾物资不足的情况下，可申请使用中央救灾储备物资。该规定所反映的政府间储备物资管理权限划分思路并不合适。根据政府间事权和支出责任划分所强调的受益原则，政府间储备物资管理权限的划分必须考虑储备物资所服务提供的公共产品的受益范围。这取决于政府储备物资所应对的突发事件的影响范围及风险危害程度，若影响范围没有超出一级政府辖区或风险危害程度没超出该级政府的承受能力，则应对该突发事件的储备物资管理权就应由该级政府掌握。若超出了一级政府辖区或风险危害程度超出了该级政府的承受能力，就需要由高一层次的政府参与管理，相应地也就需要在不同级次政府间划分管理权限。按照储备物资所服务提供的公共产品的受益范围，来划分不同级次政府的储备物资管理权限，是各国较为通行的做法，同时也符合财政联邦主义政府间事权和支出责任划分的基本理论。在财政联邦主义理论看来，政府间事权和支出责任划分必须首先考虑公共产品的受益范围，其理想划分结果是公共产品的受益范围与政府辖区范围保持完美对应关系，即每一级次政府所负责提供的公共产品的受益范围都与其辖区范围完全重合。美国财政学家奥茨称之为公共产品供给的"完美对应"；阿尔波特·布雷顿将这种政府辖区范围与公共产品消费群体范围的对称称为"完美映射"；曼库尔·奥尔森则概括为"财政对等原则"①。但企图做到每一级政府负责提供的公共产品的受益范围都与其辖区范围完全重合是不可能的。因为政府储备物资所服务提供的公共产品和服务的受益范围具有多样性，从理论上讲，这种多样性甚至体现为无限性，而现实中的政府级次却是有限的，在世界范围内考察，不少国家实行的是三级政府架构，政府级次较多的能有四级政府，像我国这种实行五级政府架构的国家并不多见。这意味着在不同级次政府间划分政府储备物资管理权限客观上受储备物资服务提供的公共产品受益范围的多样性与政府级次有限性矛盾的制约。克服这一矛盾，可行的思路有二：一是采用"就近一致"原则，即考虑政府储备物资所服务提供的公共产品的受益范围相对更接近哪一级政府辖区，就由哪一级政府掌握管理权。但是，即便按照这一原则，仍然难以从根本上解决问题。

---

① 奥茨. 财政联邦主义 [M]. 南京：译林出版社，2012.

因为，毕竟有些政府储备物资所服务提供的公共产品的受益范围真正意义上处于上下级政府辖区范围的中间地带，其既不相对接近下级政府的辖区范围，也不相对接近上级政府的辖区范围。这就需要采用可行思路中的第二个思路：打破传统的政府间事权支出责任划分思路，采用新思路。传统的政府间事权支出责任划分思路是假定供给主体给定，对供给客体进行划分，进而使供给主体与供给客体之间保持对应关系。该思路存在的局限是，事实上导致了政府对公共产品和服务供给的垄断，将非政府主体排除在公共产品供给主体范围之外。新的思路则是假定供给客体给定，去设计、选择供给主体，该主体可以是层级制架构下特定级次的政府，也可以是非政府组织，这给政府储备物资管理权限划分带来的启示是，政府没有必要垄断储备物资的供给和管理，对于那些服务提供的公共产品的受益范围不靠近任何一级政府辖区的政府储备物资，其完全可以通过非政府供给主体来提供，由此可大大减轻政府储备物资政府间管理权限划分的工作量和工作难度。

（2）按照突发事件"分级负责"原则，确定各级政府主要负责的突发事件的风险级别，然后以此为基础划分不同级次政府间储备物资管理权限。根据突发事件发生的规模、受灾人口数和应急物资需求等要素，可将突发事件分为三个级别：一是大规模突发事件。大规模突发事件是造成的受灾面积广、受灾人口多、经济损失大、应急物资需求量大、应急物资需求点多、持续时间较长的突发事件①。这类突发事件需要国家应对和全社会的共同努力才能确保迅速控制灾情、安置灾民、最大限度地减小突发事件造成的损失，如 2003 年的 SARS、2008 年的雨雪冰冻灾害和汶川大地震、2020 年爆发的新冠肺炎疫情等。这类突发事件发生的概率极低，但是影响极大，需要中央政府集中动员去应对，相对应的储备物资管理权应由中央政府掌握。二是较大规模突发事件，其一般指受灾面积较大、受灾人口较多、有比较大的经济损失和社会影响、需要较多应急物资的突发事件，这类突发事件超过了突发事件所在地政府的应对能力，需要以省级政府为主才能有效应对，其所对应的储备物资管理权应由省级政府掌握。三是一般规模突发事件，其一般是指事件虽然超出当地政府的日常工作范围，但受灾面积较小、有一定的人

① 唐伟勤，张敏，张隐. 大规模突发事件应急物资的调度过程模拟 [J]. 中国安全科学学报，2009（1）.

147

口受到灾害影响，同时具有一定的破坏性、需要安排一定数量的应急物资的突发事件，这类突发事件只需要市、县级政府就可以有效应对，所对应的储备物资管理权应划归市、县政府①。

（3）落实不同级次政府物资分级储备责任。中央和地方应按照统一领导与分级管理相结合原则，以政府间储备物资事权划分为基础，做好储备资金预算，落实分级储备责任，科学确定各级政府储备物资的品种及规模，形成以中央储备为核心、省级储备为支撑、市县级储备为依托、乡镇和社区储备为补充的全国物资储备体系。就救灾物资储备来讲，中央政府负责储备需求量大、价值较高、生产周期较长的救灾物资（如救灾帐篷、棉衣、棉被、简易厕所等）；省级可参照中央储备物资品种进行储备，酌情储备价值较高、具有区域特点的救灾物资（如简易帐篷、净水器、沐浴房、应急灯等）；市县级政府储备价值较低具有区域特点的救灾物资（如毛毯、毛巾被、凉席、蚊帐、秋衣等）；乡镇（街道）和城乡社区酌情储备一定数量的棉衣、棉被等生活物资，以及简易的应急救援工具、应急食品及饮用水等物资。

4.3 解决"管什么"问题的对策

4.3.1 优化政府储备物资规模、结构、效益管理的对策

4.3.1.1 优化政府储备物资规模管理的对策

一是改变储备物资规模越大越好的落后观念，强调特定国家、特定地区在特定阶段客观上存在最佳储备物资规模观念的重要性。长期以来，政府储备物资规模越大越好的观点几乎根深蒂固。不仅政府储备物资管理、执行机构很多持这种观点，就是一般的社会成员甚至是从事财政理论研究的人员对此也较为认同。这说明要改变这一观念并不是轻而易举的事。这与实际社会经济生活中，人们普遍认为公共产品供给规模

---

① 张永领. 中国政府应急物资的储备模式研究［J］. 经济与管理，2011（2）.

越大越好、供给种类越丰富越好、供给质量越高越好的观念如出一辙。如果单纯就公共产品的提供和公共需要的满足而言，公共产品供给规模当然是越大越好、种类当然是越丰富越好、质量当然是越高越好，因为越是如此，越能很好地满足公共需要，实现公共利益。但这是非常狭隘的观点。就公共产品供给论公共产品供给，而没有看到人们的生活需要不仅包括公共需要，还包括私人需要；人们所需要消费的产品不仅包括公共产品，还包括私人产品。在资源总量一定的条件下，增加一定数量公共产品的消费是以减少一定数量私人产品的消费为前提的。换言之，公共产品的供给存在机会成本，当公共产品供给的机会成本足够高时，再增加公共产品的供给在经济上就是不划算的。同样的道理，政府储备物资可以防范和化解突发事件所蕴含的风险，这有助于增进公共利益，但是政府储备物资规模过大，超出了正常防范化解风险的需要量，其给社会带来的边际效用很小，会远小于其机会成本，也就是说此时压缩政府储备物资规模，将节省下来的资源用于其他公共产品和服务供给，会给社会带来更大的效用和满足。因此，政府储备物资规模越大越好的观点虽然根深蒂固，但必须要加以改变，这是优化政府储备物资规模所必须具备的认识条件。二是要根据特定地区在特定时期防范和化解突发事件蕴含风险对储备物资的需求来确定储备物资的规模。政府储备物资规模受诸多因素影响，其中最为重要的因素是防范和化解突发事件蕴含风险对储备物资的需求。政府财力状况对政府储备物资规模有一定程度的影响，但不是决定因素。在实践中，有些地方政府根据财力状况来确定储备物资规模，在财力状况好时扩大储备物资规模，在财力状况差时缩小储备物资规模。虽然不能说如此确定政府储备物资规模是主观随意的，但这种做法的确背离了合理确定政府储备物资规模的初衷和基本要求。三是通过解决政府储备物资的多头管理、各自为政，加强政府储备物资的统一管理，编制统一的政府储备物资预算来为政府储备物资规模的优化创造基础条件。政府储备物资存在多头管理会对政府储备物资规模的确定造成负面影响，这是不言而喻的。若每一管理主体都追求自己所管理的储备物资规模最大化，则必然导致政府储备物资的总规模偏大。从这个意义上讲，不解决政府储备物资的多头管理问题，事实上就难以优化政府储备物资规模。四是合理划分政府间储备物资管理权限，明确各级政府特别是中央和省级政府之间在物资储备方面的分担责任，可为优化政府储备物资规模在体制设计方面提供有利条件。毕竟按照目前的规定，突发事件发生后，先动用省级政府储备物资，数量不足时再申请动用中央储备物资，会使中央和省级政府在物资储备方面都把过多的希望寄托于对方，最终的结果可能是双方都未能储备足够规模的物资，进而导致总体物资储备规模难以优化。

4.3.1.2 优化政府储备物资结构管理的对策

一是要通过解决政府储备物资多头管理、五龙治水格局来优化各大类之间储备物资的结构。在由多个部门分别负责储备不同大类物资且彼此之间缺少必要沟通交流的条件下，实现大类之间储备物资结构优化是不可能的。二是小类储备物资结构的优化首先需要解决储备物资分类不科学的问题，强调物资分类必须先明确分类的标准，分类的标准不同，分类的结果自然也就不同，不同标准分类的结果不能并列，否则必然导致各类之间在内容方面交叉重叠、逻辑混乱，使结构优化缺少基本条件。三是应注意从多个角度来优化储备物资结构，就目前政府各部门出台的储备物资管理规章看，对储备物资的结构管理还没有给予足够重视，其实实现储备物资结构的优化对提高政府储备物资管理效率有着十分重要的影响。当前应特别注意优化政府储备物资的政府级次结构，分别明确中央储备物资和地方政府储备物资到底应在储备物资总量中占多大比例，这不仅是政府储备物资结构优化问题，而且是解决中央政府和地方政府在物资储备方面相互推脱责任的必要手段。

4.3.1.3 优化政府储备物资效益管理的对策

一是改变按市场价格出售储备物资就可以提高政府储备物资效益的狭隘做法。对于救灾物资，如救灾农药、救灾种子等按照市场价格出售，虽然节约了政府财政支出，避免了资源浪费，但是政府储备物资的最终目的——防范和化解突发事件蕴含风险——并没有很好实现。一味地强调减少政府在物资储备方面的费用开支，而不考虑政府储备物资使用所产生的社会效益，并不是提高政府储备物资效益的合适做法。二是合理确定企业代储的财政补助标准，当前按企业代储直接成本来安排财政补助金的做法，使企业代储行为完全失去谋取利润的可能，不利于提高企业代储的积极性，反过来会加重政府直接储备负担，不利于提高政府物资储备管理效益。三是用公开招标的办法确定代储企业资质标准要求不宜过高。目前政府出台的管理规章在确定代储企业的投标资格方面限定过于严格，实际上大大缩小了政府物资储备管理机构选择的范围，在某种程度上还导致了大企业对政府代储资格的垄断，弱化了企业之间的竞争，不利于提高政府储备资金使用效益。四是严格物资储存管理费用开支范围和开支标准。具体承担物资储存任务的中央库和省级代理库在管理费用列支方面拥有信息优势，在政府管理规章没有具体明确管理费用列支范围和标准，或者即便明确列出了费用开支范围及标准，但如果使用了"等"和"原则上"等字眼，仍然会给拥有信息优势的主体扩大列支范围和提高支出标准提供足够空间，因此明确界定政府储备物资管理费开支范围及标准，不留回旋余地和浮动空间是完全必要的。五是明确物资轮换的资金来源和时机而不是仅仅提出物资轮换要求对于提高政府储备物资管理效益具有重要意义。毕竟物资轮换是需要付出成本的，要求承担储存任务的机构轮换物资而没有明确轮换的资金来源，物资轮换会沦为空话。在明确物资轮换资金来源的前提下，还应明确轮换的时机，在物资保质期内过早或过晚的轮换都会增加轮换成本，降低储备物资管理效益。和明确轮换时机相联系的是明确轮换次数或轮换频率，轮换次数增多有利于储备物资在保质期剩余时间较多的情况下出售，从而可以得到相对更高的价格，这体现为轮换的收益，但在增加轮换次数当然要付出轮换成本，只有增加轮换次数带来的轮换收益大于轮换成本时，这才具有经济上的可行性。

4.3.2　优化政府储备物资流程各环节管理的对策

4.3.2.1　优化政府储备物资筹资管理的对策

一是救灾类政府储备物资不宜通过银行信贷渠道筹集资金。通过银行信贷渠道以有偿方式筹集资金意味着此类物资的投放也往往要采用有偿方式向社会提供，比如我国用于救灾的化肥、农药、种子储备就采用了这种方式，这与救灾物资的性质和使用要求不符。当然，笼统地说救灾储备物资的发放不能采用有偿的方式也不一定完全合适，因为灾情的严重程度存在很大差别。在轻微受灾且受灾主体支付能力并没受到实质性影响的条件下，以有偿方式提供政府储备物资不仅有助于提高储备物质使用效益，而且也是减轻财政负担，提高政府物资储备支出资金使用效益的必要手段。二是政府为稳定供求关系而进行的物资储备可以通过银行信贷渠道筹集资金，进而以有偿方式向社会提供该类储备物资，如果由企业代储，则企业代储成本应包括合适的利润。

4.3.2.2　优化政府储备物资购置环节管理的对策

一是依据公开、公平、公正原则通过公开招投标确定代储企业时，需要合理确定投标企业资质标准。资质标准要求过低难以保证企业代储质量，但资质标准要求过高，则必然大大缩小管理机构的选择范围，容易导致大企业对政府储备物资代储业务的垄断，不利于降低代储成本、提高政府储备物资管理效益。二是避免以价格最低作为评标的唯一标准，而应综合权衡。同等质量的条件下可以价格最低作为评标标准；同样价格的条件下以质量最高为评价标准，而质量、价格都不一样的条件下，则需要综合权衡、慎重抉择来确定供应商或承储企业。

152

4.3.2.3　优化政府储备物资存储环节管理的对策

一是根据突发事件波及范围及风险危害程度理顺政府物资储备与社会物资储备关系。突发事件波及范围很小，风险危害程度没有超出企业、家庭承受能力，需要通过社会物资储备防范、化解风险，政府物资储备不宜越俎代庖。二是重视合同储备、生产能力储备在物资储备体系中的地位和作用，协调好二者与实物储备的关系。对物资使用的时效性要求不是太高、生产周期短的储备物资可以采用合同储备、生产能力储备；对物资使用的时效性要求高、生产周期长的储备物资则需要采用实物储备，应根据储备物资的具体性质和风险化解对储备物资使用的要求，合理确定实物储备物资在总量中所占比例，改变实物储备在我国政府物资储备体系中一统天下的格局。三是改变中央政府储备物资委托省级政府储备管理机构代储的做法。省级政府本身也是物资储备主体，中央政府储备物资委托省级政府物资储备机构代储，会形成"一对多"的监督格局，中央政府物资储备管理机构作为委托人难以对代理人行为进行有效监督，代理人利用信息优势采取机会主义行为不利于降低中央政府储备物资储存成本。四是委托企业代储需要注意划清企业物资储备与政府物资储备的界限，避免企业以自身物资储备替代政府物资储备来攫取政府财政补助资金。

4.3.2.4　优化政府储备物资使用环节管理的对策

一是调拨使用的中央政府储备物资所有权不宜界定给省级政府，因为所有权是产权体系中的基础性权利，其派生占有权、支配权和使用权，一旦把所有权界定给省级政府，中央政府储备物资性质已发生变化，其就成为省级政府储备物资，管理权自然也就归属省级政府，中央政府对该储备物资的监管就无从谈起。二是修改省级政府申请动用中央储备物资的条件。省级政府储备物资已经动用且储备物资不足并不能构成动用中央政府储备物资的充分理由。突发事件波及范围超出省级政府辖区或风险危害程度超出省级政府的承受能力，是省级政府申请动用中央政府储备物资所必须具备的条件。

4.3.2.5　优化政府储备物资轮换环节管理的对策

一是综合权衡储备物资轮换成本和轮换收益，以收益大于成本作为确定储备物资是否轮换的判定标准；合理确定轮换时机以及轮换次数，做到轮换边际收益等于边际成本，实现轮换净收益最大化。二是政府出台文件对储备物资提出轮换要求时，应明确轮换资金来源渠道，避免使储备物资轮换沦为空文。

4.3.2.6　优化政府储备物资回收环节管理的对策

一是综合权衡储备物资回收的成本和收益，以确保收益大于成本作为判定储备物资是否予以回收的标准。二是改变中央政府储备物资只能由省级政府储备物资管理机构予以回收的规定。因为储备物资回收对回收主体是否具有信息优势具有较高要求，一般来说基层政府对辖区内储备物资使用情况最为了解，具有信息优势，将中央政府储备物资回收权赋予基层政府储备物资管理机构更有利于做好储备物资回收工作。

4.4 解决"怎么管"问题的对策

4.4.1 解决管理模式存在问题的对策

4.4.1.1 从各管理主体之间的相互关系考察，尽快建立政府储备物资统一管理模式

可首先明确应急管理部代表政府履行政府应急储备物资管理职责的决策主体地位，对政府应急储备物资管理统筹规划、统一安排，国家粮食和物资储备局负责中央储备物资具体管理事务，通过其垂直管理局管理布局于全国各地的中央储备库，各政府职能部门则结合自己所负责提供的特定种类的公共产品，做好对应储备物资的协助管理工作。财政部有关司局按照职能分工做好政府储备物资预算的编制、执行、决算的指导、监督工作。作为过渡性措施，可采取先汇总统一的国家应急储备物资预算的办法，强化对政府应急储备物资的计划管理。具体实现方式可分三步走：第一步是分散于政府各职能部门的应急物资储备管理机构在编制本部门预算的应急储备物资项目预算时，也把应急储备物资项目预算报送应急管理部、国家粮食和物资储备局，由其汇总统一的政府应急储备预算，这可称之为"虚拟的政府应急储备物资总预算"；第二步是财政部预算司等有关司局与应急管理部、国家粮食和物资储备局协商确定政府应急物资储备预算支出指标分配计划，分配政府各职能部门应急物资储备支出指标，政府各职能部门的应急物资储备管理机构在编制本部门预算的应急储备物资项目预算时，也把应急储备物资项目预算报送应急管理部、国家粮食和物资储备局，由其汇总成的统一的政府应急储备物资预算，这可称之为"半虚拟的政府应急储备物资总预算"；第三步是财政部将政府物资储备预算支出指标切块给应急管理部及国家粮食和物资储备局，由应急管理部、国家粮食和物资储备局负责编制国家应急物资储备部门预算，从而最终完成国家应急储备物资统一管理模式的构建。以此类推，粮食和重要农产品储备、煤炭等重要能源储备、战略

性矿产品和关键原材料储备也可以构建各自的统一管理模式，在此基础上，明确国家发展改革委对政府储备物资的统一领导地位，就可以构建起政府储备物资整体意义上的统一管理模式。

4.4.1.2　从不同级次政府储备物资管理在整个物资储备管理体系中的地位考察，需要强化集权与分权相结合的政府储备物资管理模式

我国是一个大国，人口众多，幅员辽阔，地区差异很大，推行过于集权的物资储备管理模式，但依靠中央政府物资储备"独木撑天"难以有效防范和化解全国范围内各类突发事件蕴含的各种风险，反过来，推行过于分权的物资储备管理模式，难以有效防范和化解大范围、危害程度极高的突发事件蕴含风险，因此构建、完善我国集权与分权相结合的政府储备管理模式是理性选择，当务之急应是强化地方政府特别是地方基层政府物资储备管理体系。目前可结合政府储备物资管理体制的优化调整，在明确划分不同级次政府储备物资管理权限的基础上，明确不同级次政府物资储备的重点，发挥不同级次政府的比较优势以实现合理分工，并结合财政体制的完善，增强地方政府特别是地方基层政府可支配财力，为地方政府特别是基层政府物资储备体系的构建、完善创造基础条件。

4.4.1.3　从物资是否由政府直接储备考察，我国采取的政府直接储备和委托企业代储相结合的模式需充分调动企业代储积极性

企业追求利润最大化，本身并没有为政府代储物资的义务。从理论上讲，企业是否为政府代储物资完全应由企业自主决策。在为政府代储物资并不能为其带来利润的条件下，企业不可能产生强烈的代储意愿。事实上很多企业是碍于面子而为政府代储。这会影响政府直接储备和委托企业代储相结合模式中企业作用的发挥。为此，政府委托企业代储应为企业提供足够的利润空间，改变按企业代储直接成本核定财政补助金的做法，提高补助金支付标准，使企业得到的代储补助不仅可以抵补代储成本，而且还可以取得一定利润，从而提高企业代储积极性，改变政府直接储备与委托企业代储相结合模式运作过程中过于偏重政府直接储备的倾向。

4.4.1.4 从政府储备物资所采用的形式考察，我国政府物资储备模式选择应适当加大合同储备和生产能力储备所占比重

需要正确认识合同储备和生产能力储备相对实物储备所具有的优势和局限，确定适合采用合同储备和生产能力储备的物资名录、储备规模及具体储备实现方式。对财政安排的储备物资购置支出而言，合同储备和生产能力储备都是货币（价值）储备，其适用于防范和化解风险时对物资需求的时效性要求不是太高，且物资生产周期较短，市场供给相对充足，政府一次性采购规模不是太大，对市场供求关系不会导致太大波动的储备物资；实物储备适用于防范和化解风险时对物资需求的时效性要求很高，且物资生产周期相对较长，市场供给相对较少，政府一次性采购规模较大，对市场供求关系可能导致较大波动的储备物资。合同储备和生产能力储备作为货币（价值）储备相对实物储备最大的优点是可以节约储存费用，但一旦突发事件发生，需要紧急使用储备物资时时效性难以保证，这本身就是一种风险；而实物储备的优缺点则与此正好相反，突发事件发生，需要紧急使用储备时可真正做到有备无患，时效性有保证，但缺点是必须付出储存费用，还要根据物资保质期安排轮换。在合同储备和生产能力储备占比偏低的情况下适当减少实务储备是必要的，但不同储备形式需要保持合适占比，相互配合、相互协调，充分发挥各自的比较优势，才能有效防范和化解突然事件蕴含的风险，发挥政府储备物资的应有作用。

4.4.2 解决管理手段存在问题的对策

4.4.2.1 解决信息化管理手段存在问题的对策

一是加强政府储备物资管理信息技术人才队伍建设，加强人员培训和系统应用培训及模拟演练工作。二是加强政府储备物资信息系统硬件、软件建设，充分利用北斗卫星导航定位系统、无线射频识别技术等，推进应急物资发放运作全过程管理系统的应用与完善，积极推进应急物资储备管理信息化建设，提升应急物资购置、验收、入库、出库、移库、轮换、盘点、处置、报废各环节工作信息化、网络化、智能化管

理水平。三是探索应急物资管理大数据应用，实现全国各级应急物资储备信息共享、业务协同和互联互通，促进政府储备物资应急保障和管理水平整体提升。

4.4.2.2　解决会计核算手段存在问题的对策

一是针对会计账、实物账差异情况，按规定做出核销处理，确保储备物资会计信息准确无误、账实相符。二是协调政府储备物资初始计量成本与真实成本的关系，在计算政府储备绩效评估指标时，以真实成本作为成本指标计算依据。政府储备物资真实成本以初始成本为基础，加仓库占用费、仓库维护费、物资保险费、物资维护保养费、人工费、物资短途装运费等各项管理费用构成，解决仅仅用初始购进成本核算政府储备物资并不足以反映其真实成本大小的问题，为开展准确的政府储备物资绩效评估创造有利条件。三是考虑物价上涨对政府储备价值计量的影响，在按购进价格核算政府储备物资价值基础上，同时按名义价格进行核算，以便为开展政府储备物资轮换工作创造有利条件。

4.4.2.3　解决预算管理手段存在问题的对策

一是针对国家粮食和物资储备局的部门预算并不能反映国家全部的物资储备支出，还有相当部分国家物资储备支出保留在多个相关职能部门预算中的实际情况，由国家粮食和物资储备管理局牵头，与财政经济建司、预算司协同汇编政府储备物资预算，这需要把分散在政府各职能部门的物资储备预算加总，以反映国家政府储备物资总的支出规模，形成一本虚拟的"政府储备物资预算"，之所以是虚拟的，是因为不同种类的储备物资预算从预算管理的角度看，其管理权仍然分散于各职能部门，相对独立，资金并不能统筹安排，但至少可以从整体上反映政府储备物资规模和结构状况。通过编制虚拟的"政府储备物资预算"可摸清家底，为编制真正意义上的政府储备物资预算创造条件。二是国家发展改革委、应急管理部、国家粮食和物资储备局与财政部经济建设司、预算司配合，根据中央政府储备物资的存量状况，在政府储备物资总支出规模一定的条件下，在不同种类储备物资间切块分配预算资金，确定各职能部门物资储备支出指标，从增量角度优化政府储备物资的资源配置结构。

4.4.2.4 解决奖惩管理手段存在问题的对策

针对目前政府储备物资管理较为重视惩罚手段的运用，但是对奖励手段的运用较为忽视的情况，应加大奖励手段运用力度。可结合政府储备物资绩效考核评价体系的完善，加大储备物资绩效考核评价在政府绩效考核评价体系中所占权重，提高不同级次政府对政府储备物资管理工作的重视程度；对一级政府来说，对履行政府储备物资管理职责的有关部门，可加大部门绩效考核评估中储备物资管理绩效考核所占权重，提高有关部门对政府储备物资管理的重视程度；对具体承担政府储备物资管理任务的机构和人员，将绩效与公用经费、人员经费开支水平及个人晋升机会挂钩，以此充分调动各有关管理机构和人员的积极性。

4.4.3 解决管理依据存在问题的对策

一是由国家发展改革委、应急管理部和国家粮食和物资储备局牵头起草"政府储备物资管理条例"，对政府储备物资管理所涉及的基本内容如管理主体及管理权限划分、管理客体即政府储备物资所包括的基本种类、管理目标、管理原则、管理模式、管理手段等做出规定，提交国务院审批，为政府储备物资管理提供基本依据。二是对国家发改委、应急管理部、财政部、民政部、农业农村部、国家粮食和物资储备局等相关职能部门单独或联合出台的关于特定种类政府储备物资的管理规章予以清理、修订、合并，作为特定种类政府储备物资管理依据。三是由国家粮食和物资储备局牵头，其他政府职能部门予以协调，针对各项储备物资管理规章制定必要的实施细则和补充规定。四是条件成熟时，将目前几乎全部体现为政府各职能部门制定的文件、通知或规定，提高立法层次成为政府出台的条例，尽可能提高政府储备物资管理依据的权威性和法治化、规范化程度，形成较为完备的政府储备物资管理的法规体系。

4.4.4 解决储备物资管理与预算管理脱节的对策

4.4.4.1 实现储备物资管理与预算管理结合的治标之策

一是合理界定有关部门和单位的职能范围。做好储备物资管理与预算管理相结合工作归根结底是为了顺利实现部门、单位职能，以提高公共产品和服务供给效率，更好地满足社会公共需要，实现公共利益。因此，部门、单位职能范围的合理界定是实现二者有机结合的基础和前提。离开了部门、单位职能范围的合理界定，储备物资管理与预算管理相结合就成为无源之水、无本之木。随着我国市场体制框架的构建和完善，政府与市场的关系日益理顺，政府"越位"和"缺位"现象已得到初步纠正，这为合理界定部门、单位的职能范围奠定了基础条件，毕竟部门、单位是政府体系的基本组成部分。无论是市场经济发达国家，还是作为转轨国家的我国，政府与市场的关系都还没有完全理顺，党的十八届三中全会通过的《中共中央关于全面深化改革若干重大问题的决定》仍然把协调和处理政府与市场的关系作为全面深化改革的一项重要内容。这表明合理界定部门、单位的职能范围并不是一件轻而易举的事情。一般来说，按照政府分工体系，特定的部门、单位担负着提供特定种类公共产品和服务的职责，自然应承担各自职责范围内为防范和化解突发事件蕴含风险而储备物资的任务。比如，农业农村部应负责化肥、农药、种子等物资储备、水利部门负责防洪抗旱物资储备、卫生部门负责防疫药品、疫苗物资储备等。特定种类的储备物资服务于特定种类的公共产品和服务供给，按照政府部门职能分工由特定的部门负责特定种类的储备物资管理，可以充分发挥部门的信息优势，便于部门各司其职、各负其责，在政府储备物资管理机构的统一领导下，分头做好特定种类储备物资管理工作。

二是合理确定储备物资配置标准和费用定额管理制度。总体上讲，部门、单位要履行向社会提供公共产品和服务的职能。为保证顺利实现其职能，部门、单位往往需要储备一定数量的物资作为公共产品和服务的供给手段。由于部门、单位提供的公共产品和服务难以通过市场定价机制来弥补成本，因此其储备物资所需资金一般通过政府财政预算支出拨付。对部门、单位来说，储备物资既然由政府财政无偿配置，那么作为理性的经济人，部门、单位对储备物资的需求会一直达到储备物资的边际效用为零为止。也可以说，部门、单位对储备物资的需求客观上存在夸大的可能性，毕竟，部门、单位拥有更为充分的物资储备，对于提高本部门、本单位所负责提供的公共产品和服务供给质量只有好处而没坏处。因此，为了避免部门、单位职能实现占用过多的储备物资，客观上需要明确界定部门、单位储备物资配置标准。有了储备物资配置标准，就可以判定部门、单位储备物资到底是偏多还是偏少，进而可为新增储备物资的配置提供依据，储备物资偏少的部门、单位可以得到储备物资的新增配置。这便于体现储备物资配置的公平原则。确定储备物资配置标准可以分为通用储备物资配置标准和专用储备物资配置标准两类。对于前者的确定，政府储备物资管理机构可以发挥主导作用。由于是通用性储备物资，在不同部门、单位之间并不存在明显的个性差异，可以由储备物资管理机构确定统一的适用于各个部门和单位的储备物资配置标准；专用性储备物资的配置标准由储备物资管理机构确定显然不合适，因为其不具有信息优势。专用性储备物资在不同的部门、单位之间存在明显的个性差异。由储备物资管理机构做出一刀切的决定会导致效率损失。合适的做法是发挥政府各个部门的比较优势，在政府储备物资管理机构的统一协调下，主要由各个部门分工负责专用储备物资配置标准。当然，专用储备物资和通用储备物资的区分是相对的，并不存在统一的划分标准。相对一个部门来说的通用储备物资，相对一级政府所涵盖的各个部门来说则是专用性储备物资；相对一个单位来说的通用储备物资，相对一个部门来说则可以是专用性储备物资。专用储备物资和通用储备物资的区分是相对特定范围而言的，离开了特定的考察范围，事实上无法区分储备物资到底是通用性储备物资还是专用性储备物资。健全储备物资配置标准体系，还需要对配置标准进行及时修订。随着时间推移，受经济发展水平、物价水平等多种因素的影响，为了使储备物资配置标准能够与实际情况更为相符，政府储备物资管理机构应从实际出发，协调有关部门加快储备物资配置标准的修订。由于各个部门职能实现内容及实现方式均不相同，加之地方财力和经济发展水平也不一致，所以储备物资配置标准的制订应遵循集权与分权相结合的原则，中央政府的储备物资配置标准应由国家储备物资管理机构及中央有关部门负责制定；地方政府的储备物资配置标准应充分发挥地方政府的比较优势，由地方政府储备物资管理机构及相关部门负责制订。

三是完善实物储备物资费用定额管理制度。政府储备物资管理、执行机构应当对实物储备物资费用标准体系进行细化和完善，并进一步加快实物储备费用定额制度的推行。在对实物储备物资费用定额标准进行制定的过程中，要遵循科学、合理的原则，若是定额标准制定得过低，可能会导致追加预算的情况发生，如果定额标准制定得过高，则会造成浪费，由此会对储备物资预算的严肃性造成负面影响，预算的作用也就无法充分发挥。鉴于此，各级政府物资储备管理机构应当履行自己的职责，承担起本级实物储备物资费用标准的制定任务，并按照实际变化情况，及时对标准进行修订，以此来确保标准合理、可行。而政府储备物资执行机构则应加强储备物资会计核算，做到如实反映储备物资耗费及各项费用开支情况。需要注意的是，由于储备物资总体上分为通用储备物资和专用储备物资两大类，因此在费用标准的制定上，可以采用综合定额和分类分项定额相结合的制定办法。

四是做好储备物资的清产核资工作。长期以来，财政部门安排的物资储备购置支出积累了规模庞大的储备物资，受分散多头管理体制的制约，这些储备物资分布于政府的多个部门、单位。由于其规模庞大、结构复杂、种类繁多，要准确掌握存量储备物资信息并不是一件轻而易举的事情。随着时间推移，储备物资价值管理和实物管理往往脱节，出现严重的账实不符、账账不符的现象。如果对部门、单位存量储备物资家底摸不清楚，一方面不利于合理确定增量储备物资配置方案，另一方面也不利于判断储备物资需求信息的真实合理程度，不利于合理确定储备物资配置指标，由此容易导致储备物资存量管理与增量管理脱节、储备物资管理与预算管理脱节。因此，做好储备物资的清产核资工作，摸清储备物资家底，是实现储备物资管理与预算管理有效结合的基础条件。

五是构建、完善储备物资管理信息系统。储备物资庞大的规模、复杂的结构、多样化的存在形态表明全面掌握储备物资信息是件不容易的事情，如果依靠人工记账统计，事实上已不可能完成任务。因此，采用现代化的信息管理手段，构建、完善储备物资管理信息系统，不仅是加强储备物资管理，掌握存量储备物资信息的必然要求，也是实现储备物资管理与预算管理相结合的不可或缺的重要手段。财政部 2007 年通过公开招标研发了行政事业单位资产管理信息系统。该系统适应不同管理主体的工作需求，设计了财政及主管部门版和行政事业单位版两个版本。前者主要是为方便财政及主管部门对行政事业单位的资产状况进行监督和规范而设计，具有批复资产业务申报、系统预警和决策分析功能；后者主要为方便行政事业单位管理资产而设计，涵盖资产配置、使用、评估、产权登记和处置等资产管理的各个环节，具有申请审批功能，结合资产卡片和条码管理制度可以对资产展开全方位的动态管理。在财政部研发的资产管理信息系统的基础上，中央各部门和各地方政府也结合部门及当地实际情况对系统予以试点完善。政府储备物资管理从属于行政事业资产管理，可视作行政事业资产管理的一个特殊组成部分，因此储备物资管理信息系统可以行政事业资产管理信息系统为基础，结合政府储备物资管理的个性特征予以调整、完善，可节省大量人力、物力、财力，有助于尽快建立全国联网的储备物资管理信息系统。以储备物资清查数据为基础，根据储备物资增减情况及时更新数据，可实现储备物资信息动态管理，涵盖储备物资管理涉及的各个环节，这不仅有助于各储备物资管理机构、相关部门及时获取、掌握储备物资信息，而且有助于在中央与地方、财政部门与政府储备物资管理机构及各相关部门之间构建顺畅的信息传递渠道。

六是做好储备物资管理与预算管理相结合的机构协调配合工作。在储备物资增量配置环节实现储备物资管理与预算管理的结合，需要储备物资管理机构、预算管理机构及相关部门、单位的相互协调、相互配合。在储备物资管理机构掌握相对充分的存量储备物资信息但并不负责确定预算收支指标、预算管理机构负责确定预算支出指标但并不掌握部门、单位存量储备物资信息的约束条件下，实现储备物资管理与预算管理相结合，只能在"两下两上"的预算编制程序中通过各有关机构的协调配合来实现。其具体实现过程是：一是"一上"，即相关部门要把储备物资需求建议数上报到财政部门，上报到财政部门的储备物资需求建议数先由对口的部门司（处、科）审核调整后报财政部门储备物资管理机构，其根据自己掌握的存量储备物资信息情况，对部门司（处、科）转来的相关部门储备物资需求建议数进行审核调整，然后再报预算管理机构，预算管理机构予以审核汇总并报送财政和政府部门领导审核同意后确定储备物资购置支出建议数。二是"一下"，预算管理机构把经过财政部门储备物资管理机构和部门司（处、科）审核过的储备物资需求建议数下达给各个部门。三是"二上"，相关部门、单位根据审核过的储备物资需求建议数编制政府储备物资预算草案，作为部门预算的一个组成部分提交财政部门预算机构，预算机构把各个部门预算草案汇总形成本级政府预算草案。四是"二下"，在本级预算草案经人大审议通过后，财政部门批复部门预算，然后各个部门、单位根据部门、单位预算安排储备物资购置性支出，借助政府采购、国库集中支付形成部门、单位的增量储备物资。

另外，还需做好储备物资管理其他环节有关机构的协调配合工作。储备物资管理客观上包含多个环节，除储备物资配置环节外，还涉及储备物资融资、购置、储存、运输、使用、回收、处置等各个环节，在这些环节事实上也存在储备物资管理与预算管理的结合问题，客观上需要储备物资管理机构与其他机构予以协调配合，实现联动管理的格局。在融资环节，为实现储备物资管理与预算管理相结合，储备物资管理机构应与预算机构以及银行信贷部门建立联动机制，以确保储备物资的形成有合适的资金来源。一般来说，储备物资服务于公共产品和服务提供的性质，决定了税收收入应是储备物资形成的最主要的资金来源。但是这并不意味着储备物资的形成不可以有其他的资金来源渠道。一些为稳定市场供求关系而储备的物资，完全依靠税收形式筹资并不一定就是理想选择，因为其并非无偿使用，所以通过信用原则以债务形式筹资是完全可行的，这就需要加强政府储备管理机构与银行信贷部门的协调配合，同时还需要对政府储备物资以债务形式筹资做必要的规范、限制和约束，以防范债务风险累积。政府储备物资的使用离不开高效的运输保障，政府储备物资管理机构还需要加强与交通运输部门的协调配合，以保障储备物资能在尽可能短的时间安排到位。在政府储备物资的使用及回收环节，政府储备物资管理机构与基层社区组织的沟通协调必不可少，因为储备物资的使用、回收需要掌握充分的信息，基层社区组织对此具有比较优势，其对当地情况最为熟悉了解，可保障物资及时发放到位并在必要时做到物资及时回收。在储备物资处置环节，为实现储备物资管理与预算管理相结合，储备物资管理机构要与财政部门内部的预算机构、评审机构协调配合。储备物资处置收入作为政府非税收入的一项重要内容，按照编制全口径预算的要求，需要纳入政府预算管理。为保证储备物资处置能顺利实现由实物形态向价值形态转化，防止资产流失，需要由评审机构对储备物资价值进行评估，并通过与国库部门沟通协调，保证储备物资处置收入能及时、足额入库。

4.4.4.2　实现储备物资管理与预算管理结合的治本之策

1. 目前解决储备物资管理与预算管理脱节一般做法的局限

由于现实中预算机构负责确定储备物资购置的预算支出指标，代表政府财政部门具体负责预算编制工作，而储备物资管理机构及有关部门则负责储备物资管理，他们分属不同部门。因此，解决预算管理与储备物资管理的脱节问题，最简单的思路就是加强彼此之间的协调配合，在各司其职、各负其责的前提下，通过相互协调、相互配合来解决该问题。较为可行的办法可简单概括为：各部门上报的储备物资购置支出指标首先要经过储备物资管理机构审核，因为其代表政府管理储备物资，掌握较为充分的储备物资存量信息，根据这些存量储备物资信息，其可以相对容易地判定部门、单位上报的储备物资购置支出指标到底在多大程度上是真实的，到底包含了多少水分，进而可以对各部门上报的储备物资购置支出指标进行增减调整。然后预算机构再根据储备物资管理机构审核通过的指标确定最终的储备物资购置支出指标进而编制储备物资预算。从理论上看，这样的制度安排似乎可以轻松解决储备物资管理与预算管理的脱节问题。但是，这在实践中几乎不具有可行性。究其原因主要在于：由于政府储备物资分散多头管理长期存在，储备物资管理机构并没有掌握全部政府储备物资管理权，其并不掌握充分的存量储备物资信息。有关部门作为理性的经济人，都倾向于管理更多的储备物资。一般而言，其所管理的储备物资规模越大、种类越多，越能体现其所从事的管理工作的重要地位。既然储备物资由政府财政部门免费提供，价格为零，那么从理论上讲，其对储备物资的占有要达到其占有使用储备物资所带来的边际效用为零为止，即其倾向于尽可能多地占有储备物资。而政府储备物资管理机构由于并不掌握充分的存量储备物资信息，因此其难以对有关部门的储备物资购置指标的合理性做出明确判断。另外，即便其能掌握较为充分的信息，其也未必就能对有关部门提交的储备物资购置支出指标进行有效监督审核。因为，其与相关部门实际具有相同的利益目标。有关部门通过加大购置支出指标掌控更多的储备物资，作为政府储备物资管理机构，其职能实现也会得到相对更为有效的保障。因此，对储备物资管理机构来说，放松对部门储备物资购置支出指标的审核力度，加大储备物资支出规模，促使储备物资规模扩张，不能不说是一种理性选择。毕竟，储备物资管理机构虽然负责审核有关部门的储备物资购置支出指标，但其自身并不负责安排支出，并不需要承担平衡财政收支的压力，其放松对有关部门支出指标的审核力度，实际是把平衡财政收支的压力甩给了预算机构，这会进一步促使其放松审核力度。另外，储备物资管理机构与有关部门储备物资管理机构通常实行对口管理，彼此之间的业务往来也使得储备物资管理机构碍于人情世故也会促使其放松对部门支出指标的审核。因此，为实现储备物资管理与预算管理的结合，提高增量储备物资配置效率，目前首先需要解决政府储备物资多头管理问题，使政府储备物资管理机构能够掌握统一的管理权，进而掌握充分的存量储备物资信息，这可在一定程度上缓解政府储备物资管理与预算管理脱节的程度，但在储备物资管理权和预算管理权分属不同机构的制度安排下，事实上难以取得理想效果。

2. 治本之策的基本思路：实现经常预算与资产预算分开编制

我国 2015 年实施的新预算法要求我国预算按复式预算编制，但我国的复式预算体系很不完善，首先，这体现为我国复式预算体系所包括的四大组成部分：一般公共预算、国有资本经营预算、社会保险基金预算和政府基金预算并不是按照统一的标准进行分类，事实上是把按照不同标准分类的结果予以罗列而形成了所谓的并列关系。比如，按照政府所具有的双重身份及所要履行的双重职能①，即按照预算主体的性质差异，可以把预算分为一般公共预算和国有资本经营预算。从这个意义上讲，政府基金预算显然要从属于一般公共预算和国有资本经营预算。因为基金只是一种特殊的政府收入筹集形式及资金管理方式，就其反映和体现的经济内容看，其要么服务于政府社会管理者职能的履行，要么服务于储备物资所有者职能的履行，即从理论上讲其无法从一般公共预算和国有资本经营预算体系中独立出来。而社会保险基金预算从资金管理形式分析，其从属于政府基金预算；从其反映和体现的经济内容看，其与政府所应履行的社会管理职能相对应。从这个意义上讲，其应从属于一般公共预算。因此，我国目前所推行的复式预算制度所涵盖的四大组成部分并不是按照统一标准分类的结果，所以在预算科目设置和指标统计口径方面，四本预算必然存在严重的交叉重叠，进而导致逻辑混乱。其次，就涉及储备物资管理的一般公共预算而言，其并没有强调按复式预算编制。这不便于对两类不同性质的公共预算支出即消费性支出和投

---

① 一般认为，社会主义国家具有双重身份（社会管理者和储备物资所有者）、拥有双重权力（政治权力和经济权力）、可以获取双重收入（税收和利润）、实现双重目标（满足社会公共需要和实现国有储备物资保值增值）、履行双重职能（社会管理者职能和储备物资所有者职能）。

资性支出实行分门别类的管理。同时，在预算机构掌握预算编制权而储备物资管理机构掌握储备物资管理权的制度安排下，必然导致储备物资管理与预算管理即事实上的储备物资存量管理与增量管理的脱节。

本书认为，解决这一问题的根本出路是将一般公共预算也按复式预算编制，将其分为两大部分：一部分为经常预算，主要反映一般公共预算的消费性支出；另一部分为资产预算，主要反映一般公共预算的投资性支出。经常预算和资产预算分别由不同机构负责编制，其中预算机构负责编制经常预算。由于该预算安排消费性支出，确定消费性支出指标一般不需要掌握部门、单位的存量资产情况，由预算机构负责编制并不影响消费性支出的分配效率；资产预算则由资产管理机构和储备物资管理机构负责编制，也不会影响行政事业资产及储备物资增量配置效率。

具体做法：首先，把资产细化为两个部分，一部分为行政事业资产预算，另一部分为政府储备物资预算。二者是并列关系，共同构成完整的一般公共预算中的资产预算。行政事业资产预算由行政事业资产管理机构负责编制，政府储备物资预算由储备物资管理机构负责编制。因为该预算安排的是投资性支出，而合理确定投资性支出指标需要以掌握较为充分的存量资产信息，分别由行政事业资产管理机构储备物资管理机构负责编制，可发挥二者掌握较为充分的存量资产和存量储备物资信息的比较优势，由此可以做到让行政事业资产管理机构和政府储备物资管理机构各司其职、各负其责，并通过二者的相互协调、相互配合、相辅相成，来共同完成科学编制资产预算的任务。这样一来，一般公共预算总体上是由预算管理机构、行政事业资产管理机构及政府储备物资管理机构三者在合理分工的基础上共同完成的。这样的预算管理制度改革不仅有助于高效地分配消费性支出，而且也有助于高效地分配投资性支出，既完善了一般公共预算体系，还解决了长期存在的行政事业资产管理、政府储备物资管理与预算管理脱节，存量资产管理与增量资产管理脱节的问题。

其次，应明确实现经常预算与资产物资预算分开编制、完善一般公共预算体系所要解决的问题。一是克服既定权力划分关系的制约。目前的制度安排是预算机构负责安排消费性支出和投资性支出，一般公共预算由其负责编制。一般公共预算如实行复式预算，由其负责编制经常预算，资产预算由行政事业资产管理机构和政府储备物资管理机构负责编制。这对预算机构来说，事实上导致其职权范围缩小，在某种程度上侵犯其既得利益，极可能导致预算机构的抵制。因此，要从根本上解决资产管理与预算管理的脱节，实现经常预算与资产预算分开编制，完善一般公共预算体系，需要克服既定权力划分关系的制约，需要进行改革方案的顶层设计。二是从总体上协调经常预算与资产预算的资金分配关系。一般公共预算分为经常预算和资产预算两部分，经常预算安排消费性支出，资产预算安排投资性支出，这就需要财政支出的安排首先要从总体上确定消费性和投资性支出的比例关系，即把财政支出分为消费性支出和投资性支出两大部分，然后由预算机构负责编制经常预算，由行政事业资产管理机构和储备物资管理机构编制资产预算。而资产预算再分为两部分，一是行政事业资产预算，二是政府储备物资预算，前者由行政事业资产管理机构负责编制，后者由政府储备物资管理机构负责编制，二者之间的关系也需要协调。消费性支出和投资性支出的比例关系能否合理确定会对社会需求结构①、政府公共经济部门的资源配置效率产生基础性影响，因此需要由国家权力机关、政府宏观经济管理部门、政府财政部门慎重抉择。较为谨慎的做法是采用基数法，即根据上年度财政支出中消费性支出和投资性支出的比例关系，结合当年的具体情况酌情调整。在消费性支出和投资性支出这一基本比例关系保持稳定的前提下，进一步实现行政事业资产与政府储备物资支出结构的优化调整。三是要对一般公共预算收支合理分类。适应一般公共预算按照复式预算进行编制的要求，应将一般公共预算收支分别编入经常预算和资产预算两个收支对照表。支出划分较为简单，消费性支出列入经常预算；投资性支出列入资产预算，然后对投资性支出再分为行政事业资产投资支出和政府储备物资投资支出两部分。收入划分相对复杂，可参照其他国家复式预算的编制经验，将税收收入列入经常预算；将资产运营收入、处置收入、公债收入、经常预算结余等列入资产预算。

最后，仍然需要做好储备物资管理的基础性工作。一是需要健全储备物资管理制度。从储备物资管理所涉及的各个环节来看，无论是储备物资的融资、购置，还是储备物资的运输、储存、使用和处置，都需要

① 政府财政支出结构的确定必须考虑社会供求结构而相机确定。在社会投资需求过旺而消费需求不足时，政府在预算编制时应加大经常预算支出规模以刺激消费，压缩储备物资预算支出规模以抑制投资。

有健全的制度作为基本的行为依据，特别是储备物资配置，需要针对具体情况制定合理的储备物资配置标准，由此才能根据存量储备物资的情况来判断其对增量储备物资的需求是否合理，进而才可以合理确定其投资性支出指标；而储备物资预算运作所涉及的各个环节，包括储备物资预算的编制、审批、执行和决算更是需要依据预算法等法律、法规予以规范和约束。这一系列制度、规定的完善构成实现存量储备物资管理与增量储备物资管理紧密结合的制度基础。二是强化储备物资信息管理系统建设。强化储备物资管理、编制储备物资预算离不开强大的信息系统的支持。一级政府其所占有、支配的储备物资的规模往往较为庞大、种类繁多、结构复杂，如果没有完备的储备物资管理信息系统，仅仅依靠人工来搜集整理信息，不可能掌握较为充分的存量储备物资信息。完备的信息系统建设需要增强数据的自动更新和汇总功能、信息系统要能够快捷地完成基础分析和初步审核、要有良好的信息共享平台以及进行自动预测、自动预警的功能。三是加强储备物资管理人才队伍建设。所有的经济活动人都是起决定作用的因素。加强储备物资管理、编制储备物资预算需要有高素质的人才队伍。这样的人才队伍不仅需要熟悉储备物资管理业务，而且还需要适应预算运作过程及各环节的技术要求。长期地采取专业化分工的思路来处理储备物资管理与预算管理的关系，使不少人的知识储备和业务能力在适用范围方面受到很大局限，其可能较为熟悉储备物资管理业务，但对预算管理所知甚少，或者是对预算管理工作相对熟悉，但对储备物资管理业务较为生疏，这是加强人才队伍建设需着力解决的问题。

参 考 文 献

［1］连凤琴.《政府会计制度》中政府储备物资的核算分析［J］.财会学习，2018（29）：92－93.

［2］张曾莲，江帆.《政府会计准则——政府储备物资》探析［J］.预算管理与会计，2017（6）：17－20.

［3］胡克训.《政府会计准则第5号——公共基础设施》《政府会计准则第6号——政府储备物资》浅析［J］.预算管理与会计，2017（11）：31－35.

［4］国家发展和改革委员会.关于印发《国家煤炭应急储备管理暂行办法》的通知，2011－05－11.

［5］发展和改革委员会.国家物资储备管理规定，2015－04－03.

［6］国家经济贸易委员会.关于印发《国家医药储备管理办法》的通知，1999－06－14.

［7］国务院.国务院关于修改《棉花质量监督管理条例》的决定，2006－08－31.

［8］民政部.民政部等九部门关于加强自然灾害救助物资储备体系建设的指导意见，2015－08－31.

［9］全国人民代表大会常务委员会.中华人民共和国突发事件应对法，2007－08－30.

［10］国家粮食局和物资储备局.国家粮食和物资储备局关于印发《政府储备粮食仓储管理办法》的通知，2021－01－29.

［11］财政部.财政部关于印发《中央储备粮油财政、财务管理暂行办法》的通知，2000－12－18.

［12］商务部，财政部.中央储备肉管理办法，2007－08－13.

［13］中华人民共和国国家发展和改革委员会.中央储备糖管理办法，2021－03－05.

[14] 财政部、水利部.财政部、水利部关于印发《中央防汛抗旱物资储备管理办法》的通知,2011-09-08.

[15] 国家防汛抗旱总指挥部办公室.中央级防汛物资储备管理细则,1996-04-11.

[16] 民政部、财政部.民政部 财政部关于印发《中央救灾物资储备管理办法》的通知,2014-10-27.

[17] 国务院.重大动物疫情应急条例.国令第450号,2005-11-18.

[18] 财政部会计司有关负责人就印发《政府会计准则第5号——公共基础设施》和《政府会计准则第6号——政府储备物资》答记者问[J].预算管理与会计,2017(10):9,12-15.

[19] 财政部就政府储备物资会计准则征意见[J].中国总会计师,2017(1):11.

[20] 郑浩然.地方政府物资储备体系研究[D].上海交通大学,2010.

[21] 广东省人民政府办公厅关于进一步加强应急物资储备工作的意见[J].广东省人民政府公报,2008(27):10-12.

[22] 海南省财政国库支付局课题组,郭广胜,张梅.海南省省级政府储备物资核算管理情况的调研报告[J].预算管理与会计,2019(9):56-57.

[23] 国家发展和改革委员会.发展改革委 财政部关于印发《国家化肥商业储备管理办法》的通知,2020-07-31.

[24] 包玉梅.基于应急物资储备的政府最优应急效用模型分析[J].科技创业月刊,2010,23(1):99-100,102.

[25] 国家发展和改革委员会.关于印发《国家救灾农药储备管理办法(暂行)》的通知,2020-06-06.

[26] 林志新,高璨.六方面准确把握政府储备物资具体准则[N].中国会计报,2017-11-10(6).

[27] 史丽娜,马承金.浅谈疫情下行政事业单位政府储备物资的会计核算[J].齐鲁珠坛,2020(4):31+34+32-33.

[28] 韦小虹.浅谈政府储备物资管理[J].交通财会,2017(12):23-26.

［29］赵青．浅析《政府会计准则第6号——政府储备物资》［J］.
财会通讯，2018（4）：102－104.

［30］陆锋．浅析行政事业单位政府储备物资的会计核算——以救
灾储备物资为例［J］．商业会计，2016（17）：52－53，123.

［31］王雷．如何优化地方政府应急物资储备刍议［J］．长春教育
学院学报，2013，29（4）：53－54.

［32］丁烈云，喻发胜．省级政府应急物资储备现状与体制改革
［J］．公共管理高层论坛，2008（1）：33－40.

［33］西藏自治区人民政府办公厅关于调整自治区农牧民工工作联
席会议组成人员的通知［J］．西藏政报，2009（20）：4.

［34］政府会计改革开启储备物资核算"新征程"［J］．商业会计，
2017（17）：1.

［35］政府会计准则第6号——政府储备物资［J］．预算管理与会
计，2017（10）：10－11.

［36］张永领．中国政府应急物资的储备模式研究［J］．经济与管
理，2011，25（2）：92－96.

［37］财政部 农业部．中央财政天然橡胶良种补贴项目资金管理办
法（试行）.2009－06－02.

［38］农业部．国家救灾备荒种子储备补助经费管理办法．农财发
〔2015〕71号，2015－11－20.

［39］重庆市人民政府办公厅关于加强重要物资储备工作的指导意
见［J］．重庆市人民政府公报，2011（6）：15－16.